中国人民大学
长江经济带研究院

人大长江院智库作品系列

宜宾市改革发展典型案例

（第一卷）

罗来军　主编

经济管理出版社
ECONOMY & MANAGEMENT PUBLISHING HOUSE

图书在版编目（CIP）数据

宜宾市改革发展典型案例. 第一卷 / 罗来军主编. —北京：经济管理出版社，2020.5

ISBN 978-7-5096-7128-3

Ⅰ.①宜…　Ⅱ.①罗…　Ⅲ.①改革开放—案例—宜宾　Ⅳ.①D619.713

中国版本图书馆 CIP 数据核字（2020）第 086153 号

组稿编辑：宋　娜

责任编辑：张　昕　亢文琴

责任印制：黄章平

责任校对：陈晓霞

出版发行：经济管理出版社

　　　　　（北京市海淀区北蜂窝 8 号中雅大厦 A 座 11 层　100038）

网　　　址：www. E-mp. com. cn

电　　　话：（010）51915602

印　　　刷：三河市延风印装有限公司

经　　　销：新华书店

开　　　本：720mm×1000mm /16

印　　　张：11

字　　　数：164 千字

版　　　次：2020 年 6 月第 1 版　　2020 年 6 月第 1 次印刷

书　　　号：ISBN 978-7-5096-7128-3

定　　　价：98.00 元

近年来，宜宾市认真践行中央"四个全面"战略布局和四川省委"三大发展战略"，把抓改革作为一项重大政治任务，一手抓方案制定，一手抓改革落实，系统性、整体性、协同性推进经济、政治、文化、社会、生态文明和党的建设各项改革，改革呈现出全面启动、多点发力、蹄疾步稳、纵深推进的良好态势。

近年来，宜宾市各地发扬敢为天下先的创新精神，大胆探索、躬身实践，创造形成了一大批可复制、可推广的试点经验。为推动试点经验和制度性成果在更大范围开花结果，结合纪念改革开放40周年，中国人民大学长江经济带研究院优选出宜宾首批8个典型案例，出版了《宜宾市改革发展典型案例》（第一卷）。

在分布领域上，本书涉及文化体育、全域旅游、脱贫攻坚、农业农村等领域，各具亮点和特色。其中南溪区"以赛兴城"打造体育城市，吹响了"体育兴城"冲锋号，开创了政府主导+企业主办+社会主评"三位一体"的体育赛事动能引擎——"南溪模式"；长宁县古河镇"1+4+N"全域旅游助力脱贫攻坚，通过启动一个国家5A级景区规划、推进4个国家4A级景区建设、打造N个国家3A级景区，走出了旅游扶贫新路径；五粮液安吉物流公司采用甩挂运输打造高效绿色安全现代服务体系，标志着物流服务体系的全面升级，实现了五粮液集团酒类运输成本大幅降低、运输效率大幅提升的目标；兴文县林权改革与林业经营创新解决了现代金融体系与林农之间的"错配"矛盾，推动了以三产融合为方向的农业供给侧结构改革纵深发展；以蜀南竹海优势统筹城乡地区发展确定了扭转性、优势发展、防御性、优势防御"四大战略"，为美丽乡村建设以及城乡统筹发展注入了新鲜血液；翠屏区以象鼻街道方水井村为试点，探索建立和利用外部资源创新小农经济与现代市场的衔接机制，采取因地制宜发展壮大仓储产业、创新内部收益分配和股份制等举措，实现了农村集体经济改革的跨越和腾飞；叙州区探索财政撬动金融、金融支持农企、农企带动农户联动模式，通过经济运行主导力量的趋势，打通减贫行动的"最后一公里"；南溪区有效整合政府与市场两种资源，大力探索政府与社会资本合作模式（PPP），改建文化体育场馆，成功搭建高水平文体活动平台，为南溪区带来了良好的社会效益与经济效益。

　　本书是中国人民大学长江经济带研究院李伟、黄泽群、刘金龙、徐拓远、张晓晓、孙久文、苏玺鉴、卢怡贤、姚建明、周德科、锁立赛、王墨竹等多位研究员的研究成果，现将系列成果进行整合分析、梳理提炼和系统阐述出版。本书得到诸多同行学者和友人的帮助，也参考了国内外同行的研究成果和有益经验，在此谨向各位表示诚挚的感谢。本书出版得到了经济管理出版社的大力支持，特此一并致谢。

　　本卷案例存在的疏漏与不足之处，敬请读者批评指正。

目录
Contents

四川省宜宾市南溪区
"以赛兴城" 打造体育城市

李　伟　黄泽群

一、引子

　　南溪区是宜宾市市辖区之一，西接翠屏区，东邻江安县，南靠长宁县，北连自贡市富顺县。南溪拥有 1400 多年的建县史和长江上游迄今为止保存最完整的古城门——"文明门"。南溪是全国宜居宜业典范区、全国金融生态区、全国科技进步先进县、全国推进义务教育均衡发展先进地区、全国食品工业强区等，自古就有"万里长江第一县"的美誉。

　　党的十九大报告指出，开放带来进步，封闭必然落后。中国开放的大门不会关闭，只会越开越大。这充分展示了我国继续坚持对外开放、构建开放型经济新体制的坚定决心。彭清华书记在四川省市厅级主要领导干部读书班上明确要求，"要进一步解放思想，破除'盆地意识'，以全域思维和全局视野，研究谋划新形势下四川全面开发开放的问题，努力走出一条内陆地区对外开放的路子"。在全球化的时代，每个城市都面临着"逆水行舟，不进则退"的巨大压力。如何扩大开放，促进自身实现飞跃式发展，是每一个城市都需要面对的问题。在这样的大背景下，宜宾市南溪区坚持"赛事搭台、宣传助力、跨越发展"，利用四川南溪中国汽车场地越野锦标赛、四川省青少年游泳锦标赛等一系列大型体育赛事活动，整合媒体资源、创新传播方式、全面聚焦宣传，将城市对外宣传、形象展示和赛事经济相结合，全力打造外宣品牌，有效提升了南溪对外知名度和美誉度。

二、举办场地越野锦标赛

4月21～23日，2018"五粮液"杯四川·南溪中国汽车场地越野锦标赛在南溪区举行，南溪区委宣传部抢抓机遇、整合力量、借力发力，通过预热推动"聚焦"、通过上下联动推动"汇焦"、通过相融互动推动"扩焦"，分阶段、分重点、有序渐进地持续深入宣传报道，对"仙源南溪、翡翠江城"城市品牌进行了多平台形象展示。据统计，"中央、省级、市级"（以下简称"中、省、市"）等媒体共刊（播）相关报道300余篇（条），各类新媒体推送相关信息800余篇（条），覆盖上百万粉丝，有力提升了南溪对外知名度和美誉度。

（一）预热推动，召开专题新闻发布会提前"聚焦"

4月8日，2018"五粮液"杯四川·南溪中国汽车场地越野锦标赛新闻发布会在成都举行。此次越野车赛新闻发布会，得到了市委外宣办高度重视，他们牵头组织协调邀请《人民日报》、新华社、人民网、中国新闻社、中央人民广播电台、国际在线、《中国日报》《中国改革报》、凤凰网等近20家中央级媒体和《四川日报》、四川电视台、四川新闻网等30余家省市媒体代表采访报道。共计发布外宣稿件100余篇，其中，既有新华网刊发的《2018五粮液杯中国汽车场地越野锦标赛南溪站即将开赛》、凤凰网首页刊发的《勇敢者的游戏！2018中国汽车场地越野锦标赛南溪站4月21日鸣枪开赛》、中国新闻网刊发的《中国汽车场地越野锦标赛南溪站4月21日鸣枪》等中央级媒体刊发文章20余篇，也有包括《川报观察》刊发的《刺激！2018"五粮液"杯中国汽车场地越野锦标赛南溪站4月21日鸣枪》、四川新闻网刊发的《中国汽车场地越野锦标赛4月21日在宜宾南溪举行》、《宜宾日报》刊发的《4 月 21 日到南溪看汽车越野赛》等省市媒体刊发文章 80 余篇。媒体层级高、影响力巨大、辐射范围广，让南溪越野车赛提前"赛"到全国全省全市各地，形成铺天盖地之势。市委外宣办还组织安排区级媒体、区内各自媒体、知名大 V、乡镇微信和网评员队伍等充分利用各自宣传阵地，于各网络论坛、社交平台转载、推送相关报道。

（二）上下联动，组织全媒体全方位宣传"汇焦"

赛事期间，全程跟进中央电视台、人民网、新华网等 20 余家中央级媒体及国内知名网站的体育频道聚焦南溪。在越野车赛发车仪式暨排位赛和越野车赛总决赛分别邀请《中国都市报》、《中国网》、《四川日报》、四川电视台、《宜宾日报》等 50 余家中、省、市媒体来南溪采访报道。CCTV-5对全国汽车场地越野赛总决赛进行了时长为 90 分钟的专题直播，直播期间播出南溪专题风光片近 100 秒，将南溪风光推向全国，提升了南溪的城市品牌。CCTV-5《体育新闻》栏目以《中国汽车场地越野赛南溪站开赛》《汽车场地越野赛 北汽夺得分站冠军》为题开展即时报道，并同步更新到央视国际网站，《四川日报》以《汽车越野 汽车场地越野赛事正酣》为题开展即时报道，四川电视台新闻频道以《泥泞场上显身手 2018 汽车越野赛落帷幕》《2018 中国汽车场地越野锦标赛南溪站 4 月 21 日开赛》为题开展即时报道，并同步更新到 App 金熊猫。人民网以《2018COC 南溪站北京汽车越野世家全新阵容开启王者之路》《2018COC 南溪站排位赛 北汽车队数次刷新最快成绩》《2018COC 南溪站预赛 路路达润滑油车队荣盼盼夺女子组第一》《百名越野车手四川南溪上演"速度与激情"》等为题刊发近 10篇文章开展即时报道。同时，新华网、央广网、中国网、国际在线、凤凰网、新浪、网易、搜狐、乐视网、《四川日报》、四川新闻网、四川在线、《华西都市报》《宜宾日报》等 30 余家中、省、市媒体，陆续推出赛事相关报道 300 余条（次），实现了在高端主流媒体全面发声的目标。

（三）相融互动，传统媒体与新媒体互推"扩焦"

充分利用传统媒体（报刊、网络、电视台）、新媒体（论坛、微博、微信、客户端）、网络直播等聚合发力，发挥新媒体平台优势，促进传统媒体与新兴媒体深度融合，扩大宣传范围和效果。利用"南溪发布"政务微博、微信和 App 开辟专栏，全程跟踪赛事进展情况，通过官方新媒体第一时间报道赛事活动最新消息。市网信办组织协调《宜宾日报》新媒体、《宜宾晚报》新媒体、宜宾新闻网微信、大宜宾、掌上宜宾、遇见宜宾、当下宜宾等 30 余家市级新媒体对决赛进行了跟踪报道，通过"中央、省级、市级、区县级"（以下简称"中、省、市、区"）新媒体融合报道，切实扩大体育赛事影响力，提高南溪知名度和美誉度。推出的《四川南溪：全国赛车高手瀛洲阁巅峰对决》阅读量达 14.8 万余人次，《CCTV 直播南溪越野决赛！3 车相撞，赛车手惨变泥人，震撼！》阅读量达 2.2 万余人次，《震撼！宜宾又上央视了！汽车场地越野锦标赛中国南溪站，CCTV5 直播！》阅读量达 2.1 万余人次，还推出《8 车齐发！宜宾上演速度与激情，CCTV 全程直播，现场精彩图⋯⋯》等多篇阅读量过万的赛事报道。宜宾新闻网视觉工作室提前建立直播间，对决赛全程进行直播。截至 2018 年，直播观看人数 3.5 万人次，网友留言评论 150 余条，点赞 1260 条。同时，市、区两级拥有大量粉丝网红在快手、抖音等直播和短视频平台进行赛事直播。据不完全统计，本次赛事新媒体报道覆盖约 100 万+粉丝，累计点击数 100 万+，转发 20 万+，跟评留言 2 万+，呈现出"传播快、范围广、影响大"的显著特点。

三、赛事兴城成功模式背后"推手"

（一）南溪区政府

南溪区全面对接市委"565"总体谋划，紧扣"加快建成更具辐射吸纳能力的经济强市、更具竞争力影响力的区域中心大城市"的目标，全面挖掘区位、交通和资源优势，以打造"长江上游国际生态康养度假区"为统领，将文旅赛事产业融入城市建设，作为转型发展、错位发展的重要突破口,走出了一条"以赛兴城"的新路径。自 2014 年以来,已成功争取到中国汽车场地越野锦标赛、环长江公路自行车赛等 8 项省级以上赛事长期举办权;累计举办各类赛事 500 余场,其中国家、省级赛事 100 余场,吸纳游客 897.18 万人次,带动服务业占 GDP 的比重由 24.2%提升至 34.2%。

1. 谋定而动,找准转型发展"突破口"

(1)精研政策。近年来,中央、省委、市委密集出台关于《大力发展体育旅游的指导意见》《加快发展健身休闲产业的实施意见》等一系列支持文旅赛事产业发展的纲领性文件,将文旅赛事产业纳入各级文化、旅游、体育、康养产业发展政策体系,给予税收、用地和财政奖补扶持,社会资本参与承办各类赛事活动的积极性空前高涨。南溪区深刻分析政策趋势和自身优势,顺势而为作出大力发展文旅赛事产业的决定,加快打造"川南赛事"基地,着力破解全市体育赛事承办档次低、规模小、质量差与经济社会发展不协调、不充分之间的矛盾,满足群众日益增长的美好生活需要。

(2)精析资源。南溪地处川南"半小时经济圈"、成渝"两小时经济圈",拥有 39.6 公里的长江亲水岸线、3000 亩"万里长江第一滩"等岸线资源和 7000 亩红豆杉森林康养基地、13 平方公里省级湿地公园云台山等自然资源;经过多年的积淀,群众自发组建了自行车协会、游泳协会等 30 余个活跃的社会体育组织,曾承办长江漂游抢渡赛、山地自行车全国邀请赛等,发展文旅赛事产业拥有独特的资源优势、坚实的群众基础和浓郁的办赛氛围。随着川南城际铁路、渝昆高铁等重点干线的建设,南溪的交通、区位和资源优势将更加凸显,文旅赛事的产业辐射范围更广、带动能力更强,必将成为转型发展、错位发展的新动力、新引擎。

(3)精心规划。抢抓全国"多规合一"试点机遇,统筹制定体育、文化、旅游建设用地和城乡规划、土地利用规划,在城市建设中预留出文旅赛事用地 3300 亩。引入国内知名设计院,借鉴北京奥运村的规划理念,在城市新区建设游泳、篮球、羽毛球等室内场馆群;在长江南溪段点线布局占地 100 亩,建成集聚汽车场地越野赛、环长江山地自行车赛、环长江马拉松赛、长江漂流等为主的综合赛事场地；在罗龙片区规划以电子商务、电子竞技为主的创新创意赛事示范区。同时，按照"比赛、住宿、休闲、旅游、娱乐"一体化发展原则，配套南溪古街、巨洋酒店等一批商业综合体，实现文旅赛事与城市发展同频共振、和谐共生。

2. 整合资源，铸牢赛事经济"强磁场"

（1）高标准抓建设。整合资金 16 亿元，邀请省市体育局和游泳协会等专业团队指导赛场及配套设施的设计建设，累计新建和改造赛事基础设施项目 30 余个。对照北京奥运会场馆标准，对游泳馆、羽毛球馆等比赛场地实行红外线测定，引入水立方同款水处理设施等高端设备，配齐配全电视转播、药检、赛间休息等比赛功能用房，全面建成集"比赛、健身、休闲"于一体的文体中心室内体育场馆群。依托毗邻长江的资源优势，对照国际马拉松弯道和障碍标准建成 20 公里的沿长江马拉松赛道和骑行赛道；对照汽车世锦赛场馆标准建设汽车越野赛场，成功打造全国首个具备"六车同发"能力的汽车越野场地。与深圳设计院联建全市首个创新创意赛事场馆，建成川南唯一具备承办电竞、创业大赛、科技展示等创新创意赛事能力的综合场馆。

（2）全方位抓配套。牢固树立"全域配套"的服务理念，按照"与赛事关联的设施先建、产业先育"的总体思路完善城市功能。在城市建设中，优先考虑与赛事配套的图书馆、影剧院、城市道路等基础设施，按照"步行+休闲"标准改造城市干道 40 余条、建成占地 1300 亩的长江湿地公园；依托古城墙、三门五街等历史人文资源，联合建川博物馆、浙江大学打造南溪古街等 8 个 4A 级核心旅游景区。在城区周边 30 公里范围内再造生态林 15 万亩，沿宜泸高速、南江路等重点道路打造云台湖、瀛洲阁等 20 余个生态、康养和休闲旅游景观群。在产业布局中优先考虑主题酒店、特色餐饮、休闲购物等业态，放射状建成特色商业街 10 条，新培育主题酒店、咖啡店、特色餐饮连锁店等经营主体 200 余家，可满足 7 万人同时观赛和休闲需求。2014 年以来，共实施城市建设项目 80 余个，完成城乡建设投资 92.5 亿元。

（3）多维度抓扶持。组建总规模 5000 万元的旅游产业基金，对主动投资兴办体育设施、创办体育企业的单位和工商资本给予用地保障、税费减免等扶持，对设计标准高、建设质量好、使用效率达标的体育设施，通过政府购买公共服务的方式分批回购。每年划拨 270 万元节会赛事专项补助金，将天宇车队等 87 个涉体单位纳入扶持范围，牵头举办国家级以上赛事活动的给予最高 100 万元专项补助，组织游客来南溪观赛的给予最高 27 元/人的奖补扶持，对其他符合赛旅融合的项目实行"一事一议"扶持。在人才引进政策中单列赛事人才专章，鼓励区教体局、涉体公司等主动对接各类体育协会招引专业人才，符合条件的推荐享受市、区引进人才待遇。截至 2018 年，共发放各类补助资金 1500 余万元，引进体育赛事专业的高层次人才 20 余名。

3. 三位一体，做强动能转换"新引擎"

（1）政府主导引赛事。成立由区人大常委会主任和区委副书记为主要负责人的赛事组委会，整合 19 个区直部门力量组建赛事办公室，统筹抓好赛事规划、对接洽谈和举办承办等工作。区委、区政府主要负责人定期带队对接国家体育总局和中央和省级各类赛事协会，争取主办权和中央、省、市扶持文旅赛事产业的项目资金。截至 2018 年，先后赴北京、广西、成都等地拜访目标企业和协会 60 余次，与中国汽车摩托车运动联合会、四川省体育运动管理中心、新浪体育等 20 余家省级以上涉体单位建立战略合作伙伴关系。

（2）企业主办扩规模。坚持赛事运营主体"一主多辅"的发展思路，委托首创公司牵头抓好场馆运营、赛事服务、体育产业培育等工作，与省内外赛事团体、旅游企业及本地餐饮住宿等 40 余户企业签订战略合作协议，联合打造"赛事共办、风险共担、利益共享"的跨区域赛事联盟，推动赛事规格从承办市内公益休闲比赛向国家级竞技性比赛转变，参赛选手由一般群众向体育明星冠军选手转变，观赛主体从本地居民向区外游客转变，办赛规模规格大幅提升。自企业运作以来，全区办赛频次由年均不足 20 场发展到年均超过 100 场；仅 2017 年汽车场地越野锦标赛就吸引 36 名冠军选手参赛、23 万名省内外观众观赛旅游，实现综合收入 4300 余万元，创全市单项赛事营收新高。

（3）社会主评强品牌。建立健全赛事举办遴选机制，制定评估标准，赛前邀请体育协会、群众代表对拟承办赛事的经济价值、社会价值、传播价值和环境价值开展评估，得分低于 80 的不予举办。赛中和赛后由赛事办、赞助商、"两代表一委员"和群众代表现场通过微信网络投票等形式综合评估社会效益。因承办企业组织不力导致社会效益评分低于 80 的，不得享受奖补资金并列入"黑名单"；因赛事本身档次、性质等原因导致满意度不高的，不再举办；社会反响热烈、经济社会效益好的，建立长期合作关系并争取永久举办权，扩大"赛在南溪"的知名度和品牌影响力。截至 2018 年，已培育汽车场地越野锦标赛、漂游暨抢渡长江挑战赛等国家级品牌三个。在品牌赛事的强力带动下，全区现代服务业增加值由 2014 年的 24.64 亿元增加至 2017 年的 44.53 亿元，年均增长达 10.9%。

4. 以赛为媒，打造产城互融"共同体"

（1）以赛促健康，提升群众获得感。锁定建设"西部地区崇尚运动的健康之城"的目标，将比赛场馆及其附属设施，以免费或低收费方式面向市民开放；将校园内的足球、乒乓球等场馆通过错时、延时方式向市民开放，将露天篮球场、网球场等公共文化场馆资源全天候向市民开放。组织各类体育协会、涉体单位利用比赛间隙举办环城骑行、迷你马拉松等全民参与的体育比赛，定时组织健身晨跑、长江漂流等体育活动，每月举办一次业余足球赛、农民运动会等公益性体育竞技赛，提升群众参与度和获得感。2017 年，仅文体中心场馆群累计向市民免费开放 18 万人次，全区经常参加体育锻炼人数达到 19 万人，占常住人口的 56.7%。

（2）以赛强宣传，扩大城市影响力。成立城市宣传媒体服务中心，组建"赛在南溪"城市宣传报道小组，积极对接北京国家奥体中心等场所召开新闻发布会，邀请中央电视台、《人民日报》等国家级媒体开展跟踪报道，以"仙源南溪、翡翠江城"为主题强化城市宣传，将文明门、云台湖等标志性建筑和自然风光插入赛事直播，提升南溪知名度。在中央媒体的宣传带动下,《华西都市报》、四川在线等省市媒体和网络论坛争相发布赛事和城市宣传贴文,快手、秒拍等媒体平台相继加入转载和直播队伍,初步形成全媒体报道矩阵。自赛事举办以来,中央电视台累计对南溪进行了长达 500 分钟的直(录)播、同比增长 50%以上,各大媒体发布关于南溪的新闻报道 3 万余篇、同比增长 40%以上。

(3)以赛兴城市,增强转型带动力。将长江 1 号大道、文体中心等赛场打造为对外展示的窗口和风景线,发挥赛事期间人流、资金流、信息流集聚优势,举办项目推介会,推出汽车主题公园、体育特色小镇、古街特色精品客栈等 65 个赛事及衍生项目,成功促成长城影视集团 21 天敲定投资 30 亿元的文旅康养特色小镇项目。与陕西、贵州等地 100 余家旅行社签订战略合作联盟协议,拓展省外客源,聚集城市人气。举办川、滇、黔、渝、藏旅游产品交易会、西部私募基金峰会、豆腐干博览会等节会活动,联动营销推广"南溪造"产品和城市品牌,吸纳省内外客商来南溪落户、投资兴业。2017 年,全区成功签约亿元以上产业项目 23 个,引进市外到位资金 81.5 亿元,城镇化率达 53.7%、同比增加 1.8 个百分点,GDP 总量突破 130 亿元、同比增长 9%。

(二)宜宾首创公司

宜宾首创文化传媒有限责任公司成立于 2014 年,是由宜宾市南溪区龙腾文体旅游发展有限公司、宜宾市源石文化传媒有限公司共同出资组建的一家混合所有制公司,主要以体育场馆运营、文化艺术交流、大型节会赛事活动策划、影视制作、教育培育、互联网金融等为经营业务。现有员工 95 人,其中首创文化 16 人、南溪文体中心分公司 40 人、宜宾首城通商业管理有限责任公司 4 人、托管单位南溪区文化馆 7 人、图书馆 7 人、文管所 3 人、青少年活动中心 7 人、业余体校 5 人、科技馆 4 人、大学生(青年)创新创业园 2 人。南溪区举办的许多体育赛事中都有宜宾首创文化传媒有限公司的身影。然而宜宾首创文化传媒有限责任公司的成功则得益于 PPP 模式的推行。宜宾市首创公司是汽车越野锦标赛的主要承办方,锦标赛的成功举办得益于公司的合理安排与高效工作，而首创公司成功的关键之处在于公司实行的 PPP 模式。

1. 实施 PPP 模式的重大背景

（1）政策机遇。2016 年 5 月，国务院办公厅印发了《关于在公共服务领域推广政府和社会资本合作模式的指导意见》，要求充分激发社会资本活力，打造大众创业、万众创新和增加公共产品、公共服务"双引擎"，鼓励各地各行业领域积极试点。南溪区抢抓政策机遇，对区文化馆、图书馆、博物馆、体育馆、游泳馆、训练馆和演播大厅等组成的文体中心探索实施 PPP 模式，既可化解政府债务，还可引进社会资本转变政府投资方式，充分发挥政府和市场各自优势和合力，弥补"政府失灵"和"市场失灵"的缺陷。

（2）市场需求。在现有体制机制约束下，公共文体事业单位还缺乏应有的活力，公共基础设施重建设轻管理，作用发挥未能最大化，与人民群众日益增长的精神文体需求形成强烈反差。因此，需要打破常规思维，转变工作方法，找准文化建设新路，构建与经济社会发展相适应的现代公共文体服务体系。

（3）融资需要。近年来，南溪区经济社会以超常的速度发展，特别是城镇化建设、工业园区建设、交通事业及文化事业等方面，取得了显著成效。但在当前全国经济增速放缓、下行压力增大的背景下，南溪的发展面临诸多严峻考验。就文化建设而言，2011 年南溪在滨江新城规划占地 122 亩的区文体中心，总建筑面积约 60000 平方米，前期建设不含土地总投资就达 4 亿多元，面临巨大的资金压力。因此，南溪采用 PPP 模式，以项目融资的模式，鼓励私营企业、民营资本与政府进行合作，参与公共基础设施的建设。通过这种模式，引进社会资本，使区文体中心建得起、用得上、管得好，缩短建设周期，更快更好更有效地服务社会。

（4）发展潜力。实施 PPP 模式，可实现公共项目两个方面的转变：一是实现了从传统信用融资进入项目融资；二是实现了私人资本对公共财政领域的合理参与。因此，PPP 模式有效控制了地方政府信用与项目之间的关系，控制了隐性债务风险；PPP 模式还有效解决了财政直接投资效率方面的先天劣势，同时在公、私两部门间建立紧密的利益联系，规避私人部门道德风险。

2. 推进 PPP 模式的主要举措

（1）规范公司行为。组建国有混合所有制宜宾首创文化传媒有限责任公司，严格按照"三办法、两协议"（"三办法"，即区政府制定的《宜宾市南溪区国有及国有控股企业管理办法（试行）》《宜宾市南溪区国有企业聘用经营管理者管理办法（试行）》《宜宾市南溪区国有及国有控股企业领导人员经济责任审计暂行办法》；"两协议"，即区政府与首创公司签订的《区文体中心场馆改建 PPP 特许经营项目协议》《文体事业单位委托管理协议》），明确公司的经营行为、薪金报酬、绩效考核，以及相关部门的监管职责，并委托区级相关部门作为国有资产出资人对公司进行指导和管理。

（2）找准运营方向。区文体中心主体工程建设后，还需 6000 万元左右的二次装修资金，首创公司于 2014 年 12 月通过竞争性谈判获得区文体中心改建运营权，负责场馆装修、办公设备设施购置、日常运行管理和获得 30 年场馆运营权。公司利用各场馆运营、5000 平方米的商业用房和 10000 平方米的地下车库作为盈利点。

（3）实行公司化运行。按照"六不变、两不减"的原则（"六不变"，即文体事业单位名称不变、事业单位人员身份不变、履行公共文体服务职能不变、财政资金来源不变、免费开放项目不变、免费开放时间不变；"两不减"，即财政对公共文体事业产业发展扶持资金只增不减、托管事业单位在编人员工资待遇只增不减），将区文化馆、图书馆、文管所、青少年活动中心、业余体校、仙韵艺术团和科技馆等文体事业单位整体委托首创公司托管，实行公司化管理、市场化运作，采取政府购买公共文体服务产品的方式，推进社会事业产业化、市场化发展，满足市民多层次的文体需求。对文体事业单位的托管，一是解决文体事业单位专业人才特别是文体经营人才严重不足的问题；二是在履行公共文体服务的前提下，允许公司通过拓展经营项目，强化目标绩效管理，更好地调动文体事业单位职工积极性。

3. 实施PPP模式的主要成效

目前，区文体中心的体育综合馆、游泳热身馆、乒乓馆、文化馆和图书馆等场馆装修完成并陆续开放。实践证明：PPP方式是拓宽融资渠道、提高经营管理效率、降低建设运营成本的有效方式。一是有效破解资金瓶颈。社会资本和企业融资平台的进入，一定程度上缓解了政府资金压力，加快了文体中心建设。二是不断提升城市品质。依托文体中心，南溪区成功举办了国际拳王争霸、中国汽车场地越野锦标赛、中国女篮排位赛、第八届四川省巴蜀文艺和杂技赛等节会赛事活动，为南溪滨江新城集聚了人气商气，扩大了南溪城市影响力，提升了南溪的知名度、美誉度。三是有力推进文化产业品牌建设。公司围绕打造"川南节会赛事中心"，大力发展赛事经济，做强演艺会展、组建青少年创新创业产业园，认真做好"文化+体育""文化+旅游""文化+科技""文化+互联网"和"文化+产业"五篇文章，为南溪快速推进"四川省文化创意产业园"建设提供了坚实的文化支撑。

四、经验与启示

南溪区独创的"赛事兴城"模式取得了巨大成功，对宜宾市其他区县乃至整个四川省的其他城市都有巨大的借鉴价值：

第一，大力发展文化产业，促进经济发展。在当前物质文化稳定的基础上，人们对精神和健康有了更大的追求，文化产业在未来必定是个朝阳产业。正是在这样的判断下，2014年，在南溪区委、区政府的支持下宜宾首创文化传媒有限责任公司应运而生，并与南溪区政府通过PPP模式运营文体中心项目，该项目位于滨江新城核心区域，总规划投资4.8亿元，占地155亩，是南溪区首个采用政府与社会资本合作模式（PPP）的项目。其他区县也应当借鉴南溪区发展思路，挖掘自身文化产业潜力。

第二，利用新媒体宣传造势，扩大影响力。在举办赛车比赛时，南溪区政府利用"南溪发布"政务微博、微信和 App 开辟专栏，全程跟踪赛事进展情况，通过官方新媒体第一时间报道赛事活动最新消息。市网信办组织协调《宜宾日报》新媒体、《宜宾晚报》新媒体、宜宾新闻网微信、大宜宾、掌上宜宾、遇见宜宾、当下宜宾等 30 余家市级新媒体对决赛进行了跟踪报道，通过中、省、市、区新媒体融合报道，切实扩大体育赛事影响力，提高南溪知名度和美誉度。在如今这个信息时代，较之于传统媒体，新媒体拥有传播快、成本低的显著优势，其他区县也要学会利用新媒体，增强自身举办赛事的影响力。

未来南溪区应该继续坚持走"赛事兴城"的道路，挖掘自身更大的潜力，激发整个城市的活力，通过一场又一场精彩的体育赛事吸引全国人民和投资者的目光，从而聚集资本，让资本助推城市经济发展，在获取经济资源的同时也获得巨大的社会声誉。同时，将南溪区"赛事兴城"的模式推广出去，带动周边区县经济的共同发展，打造内陆开放高地，创造新时代四川对外经济开放的样板工程。在充分调动政府、企业和社会的积极性的前提下，这样的模式创新势必会被载入史册，也将开启南溪区经济发展的新篇章。

五、结语

2018 年是改革开放 40 周年，实践证明，改革和开放是一对孪生兄弟，开放既是经济增长的动力，也是深化改革的力量。当前改革进入"深水区"，解决深层次矛盾必然会触及复杂的利益关系，其难度和风险加大，深化改革、扩大开放的任务十分艰巨。宜宾属于内陆城市，经济发展潜力尚待挖掘，在地理位置相对不佳、城乡和区域差距显著的特殊市情下推进改革，在统筹城乡这一世界级难题上获得突破，必须引进外部的好机制、好经验，不仅要利用发达国家的资金、技术和人才，还要借鉴一切反映现代社会化生产和管理规律的先进方式与科学方法，为综合配套改革探路服务。

　　党的十八大以来，习近平总书记对做好四川工作多次发表重要讲话、多次作出重要指示批示，这是以习近平同志为核心的党中央对治蜀兴川最明确、全面、精准的定位，是习近平总书记为四川改革发展量身定做的"定盘星"，是习近平新时代中国特色社会主义思想的"四川篇"，指明了新时代治蜀兴川的历史方位、总体要求、第一要务、根本动力、开放格局、重中之重、价值取向、生态重任、法治保障、政治保证。这"十个指明"都是关乎四川发展的根本性、方向性、全局性的问题，为治蜀兴川标注了时代方位、提出了总体要求、作出了战略谋划、指明了方向路径、描绘了美好蓝图，形成了一个系统全面、逻辑严密、内在统一的有机整体和科学体系，具有深厚的理论内涵和明确的实践要求。将宜宾建设成为四川开发开放新高地，必将使之成为四川省内经济发展的一个极。这个极点的形成会推动四川省经济发展，并辐射周边城市，从而消除省内各城市之间经济发展差距，实现共同富裕。南溪区紧抓"赛事兴城"战略，利用举办体育赛事的契机增加自身知名度，走出了一条对外开放的新路子，成功经验值得大力推广。

长宁县古河镇开辟"1+4+N"全域旅游助力脱贫攻坚新路径

刘金龙　　徐拓远　　张晓晓

一、研究背景

2005 年以来，中共中央就从未停止过建设美丽乡村的步伐，始终将建设社会主义新农村作为发展的重点之一。中国共产党第十六届五中全会提出的美丽乡村建设这一概念，提倡在建设社会主义新农村这一重大历史任务的推进过程中要实现"生产发展、生活宽裕、乡风文明、村容整洁、管理民主"等具体要求。实现城乡一体化同步发展、建设社会主义新农村以及发展由全民共享，是党和国家一贯坚持的路线方针。大力实施乡村振兴战略，通过乡村旅游、全域旅游等途径实现美丽乡村建设、产业振兴以及精准扶贫是我国当前农村体制改革的重要战略方向之一。

长宁县古河镇依托自然生态、历史文化和独特区域优势，提出"1+4+N"全域旅游规划，即启动 1 个国家 AAAAA 级景区规划（古家河国际乡村旅游）、推进 4 个国家 AAAA 级景区（七洞沟、蜀南花海、九天沟、千年古镇）、打造 N 个国家 AAA 级景区（红岩景区、芭蕉湾景区、甘岩洞景区、泡桐油茶基地景区、茶林生态园景区等），以省级贫困村幸福村为精品旅游景区核心，辐射带动周边村（社区）连线成片开发乡村旅游扶贫示范点，在"旅游+扶贫"的道路上不断创新，采用"旅游景区+贫困村"

"公司+专业合作社+贫困户"等多样化旅游扶贫模式，着力打造特色旅游产品，全面拓展旅游交通建设，大力推进第一、第二、第三产业融合发展，实现富民增收、产业兴旺、生态保护，在全域旅游的发展过程中达到为民留景、为民脱贫的双重目标，为美丽乡村建设开创出新路径、新方式。

二、古河镇简介

古河镇位于四川省长宁县境内东北部，东起江安县蟠龙镇，西连梅白乡、开佛乡，南与老翁镇相连，北同下长镇接壤，省级橡胶沥青型江长路穿境而过，距长宁县城 12 公里，位于 308 省道中段。因明末清初古姓人在育江河畔设店经商较多，渐成市场，人们长期以来习惯叫"古家河"，后改为古河。镇辖 8 个行政村，5 个农村社区，1 个城镇社区。总人口 21018 人，其中农业人口 20177 人。幅员面积 59.95 平方公里，有耕地面积 15554 亩，林地约 50000 亩，森林覆盖率达到 43.2%。

全镇有建档立卡贫困户 436 户，共 1307 人。另有贫困村一个，地处古河镇北部，北边与和乐村接壤，东与保民村连界，南接新伍村、兴隆村，西面被育江河环抱，绵溪河穿境而过，名为幸福村，是四川省典型贫困村。现全村总人口 1114 人，总户数 375 户，贫困户 60 户，贫困人口 192 人，其中通过扶持生产和就业发展一批共 72 人，移民搬迁安置一批 19 人，低保政策兜底一批 61 人，通过医疗救助扶持一批 68 人。全村 2014 年人均纯收入 4726 元，低于全镇水平 4000 多元。全村因病致贫的 30 户，占总户数的 50%；因残致贫的 8 户，占总户数的 13.3%；缺劳动力的 8 户，占总户数的 13.3%；缺技术的 7 户，占总户数的 11.7%；其他 7 户，占总户数的 11.7%。全村贫困发生率 17.23%。

古河镇境内有丰富的旅游资源，包括明代庄园飞泉寺和东汉古墓七个洞遗址，属省级文物保护单位，是长宁县历史发源地。七个洞岩壁上有石雕 189 幅，29 个种类，神秘、古朴。幸福大桥旁的飞泉寺始建于汉代，现存建筑系明末清初年间修建，风格典雅考究。地处险峻的来龙山下，四周长满苍翠的桢楠树,碧绿的绵溪河蜿蜒而过。绵溪河中有奇石无数,著名的有:鸳鸯戏水石、飞碟石、哑口石、斗笠石、雷打石、泥鳅石、轿子石、关门石。

三、古河镇全域旅游扶贫模式的具体做法

旅游业是国民经济和现代服务业的重要组成部分,全域旅游是以旅游业为优势主导产业,实现区域资源有机整合、产业深度融合发展、全社会共同参与,推动经济社会全面发展的一种新的区域旅游发展理念和模式。2016年12月,《国务院"十三五"旅游业发展规划》出台,明确指出要加快国家全域旅游示范区的建设,为认真贯彻落实中央、省、市、县关于发展旅游支柱性产业、建设旅游经济强市的战略部署和主动适应经济发展新常态,加快转变旅游发展方式,古河镇于2017年5月就已制定发布《古河镇创建"国家全域旅游示范区"工作实施方案》,着力打造"景(花海)城(县城)一体化",进一步提升旅游产业的核心竞争力,建设"国家全域旅游示范区"。具体做法如下:

(一) 构建全域旅游规划

古河镇基于"正确指导方针、科学绿色原则、实事求是目标、具体可行步骤"的四大原则率先规划布局,为其全域旅游建设提供了理论指导与方向指引。具体如下:①正确指导方针。古河镇从"全域旅游"基本原理出发,贯彻落实"创新、协调、绿色、开放、共享"五大发展理念,着力全域布局、全业支撑、全民参与、全程服务,大力实施"全域旅游"战略。②科学绿色原则。结合古河镇生态旅游资源与"全域旅游"本质,古河镇明确全域旅游规划不仅要坚持以人为本、共建共享,还要坚持生态优先、绿色发展。提倡更加注重资源节约和生态环境保护,尊重自然、尊重规律,实现可持续发展。同时积极营造良好的旅游环境,让广大游客吃得放心、住得舒心、玩得开心、购得称心,在旅游过程中发现美、

享受美、传播美。发动广大群众共同参与建设幸福美丽古河，在推进全域旅游发展中提高群众生活质量。③实事求是目标。古河镇依托自身"蜀南花海"与"七洞沟"的旅游基础，以当地情况为切入点，提出加快建设宾馆集群和文化产业集群，完善旅游基础设施和公共服务体系，提高接待中外游客人数和旅游总收入，争取将蜀南花海景区建设为国家AAAA级旅游景区，并做好七洞沟景区完善建设和管理的目标。同时要做好和乐民俗酒店等星级酒店建设，争取将古河镇建成旅游特色城镇，建设旅游幸福美丽新村。④具体可行步骤。古河镇明确全域旅游规划的落脚点一定是可操作性强的实施方案，不然规划难免落于空谈，古河镇全域旅游规划将建设全域旅游示范区过程分为宣传动员、组织实施、初检提升及迎检验收四大阶段，并将任务层层分解至各部门，这非常有助于规划目标落到实处。

（二）创建旅游扶贫模式

古河镇开展多样化的旅游扶贫模式，结合各村不同实际情况，有针对性地创新扶贫载体，争取旅游扶贫效果最大化。古河镇农村主要收入来源一般为外出打工，当地能够提供的就业岗位少并且工资收入低，而旅游产业具有"离土不离乡"、就业方便的优势。在此基础上古河镇主要在旅游发展与贫困帮扶联结机制方面做了深入创新，通过参与产业经营和提供就业岗位两条途径，提升了旅游发展对贫困户收入增长的带动作用，同时也推动旅游产业本身蓬勃发展。具体做法如下：①参与产业经营：古河镇依托旅游景区发展，引导贫困户发展农家乐，助推旅游产业发展，并为贫困户提供技术服务，使其参与黑山羊与水产生态养殖，为景区餐饮、观光等提供产品，不仅促进了产业振兴与贫困户收入提升，也为旅游产业提供多样化的产品。②提供就业岗位：古河镇不仅在旅游景区设置多项专门针对贫困户的就业岗位，而且对贫困户进行专业培训，通过帮扶对接，对附近贫困户实施就近就业，充分解决了贫困户照顾家庭与就业的矛盾。

(三) 多元化旅游扶贫产业

古河镇积极实施"旅游+"战略，坚持旅游与扶贫、文化、体育休闲等相关产业融合发展的思路，推动旅游业由"景区旅游"向"全域旅游"的发展模式转变，构建起"全镇就是一个大景区"的全域旅游新格局。针对蜀南花海景区，打造花卉基地、鲜果采摘基地、大型野外婚纱摄影基地，以及生态园林休闲观光、淯江竹筏漂流等功能区，将赏花、摘果、观光、文化体验结合在一起，还建设了两千米跑马场，增加体育赛事，将旅游、文化、体育等多重产业相互融合，打造多产业、多元化、相融合的新型产业发展模式。九天沟风景区依托自然资源着重打造九个园区：养生园、乡村动物园、四季花果园、生态蔬菜园、体验园、游乐园、森林公园、佛乐园（佛教）、九天园（道教）。同蜀南花海景区相同，九天沟景区不仅凭借风景观光来发展旅游产业，更在建设过程中强调游客的体验感受，突出浓厚的佛教、道教文化，实现文化产业与旅游产业融合的多元化旅游扶贫产业。此外，古河镇在产业融合以及产业多元化的过程中还推动了产业结构调整，丰实旅游载体，在红色村、和乐村、白马村、茶林村栽种可观赏性农作物，将农特产品进行深加工，转变为旅游商品，引导粗放型农业种植向能够提供餐饮、住宿、娱乐、体验的农庄转变。

(四) 整合旅游资源，提升旅游内涵

古河镇旅游资源丰富，其中包括以东汉七个洞崖墓群和七条溪沟闻名的七洞沟景区，赏花摘果为一体的蜀南花海景区，佛道融合瀑布飞流的九天沟风景区，以及起源于汉末、兴于明朝的千年古镇，并且还有以古河邓四粑丝、红烧鹅、古河麻花、古河黄粑等为代表的川南名小吃以及展凤冠乌鸡、藏香猪等特色养殖农产品。古河镇在生态环境、历史文化等方面都具有优越的旅游开发资源，在认识到这一点的基础上，古河镇具体问题具体分析，根据不同旅游资源的特点形成各具特色又浑然一体的旅游产品体

系，针对不同类型游客推出相应的服务与体验，形成层次分明、重点清晰的旅游产品开发模式。通过整合相关旅游资源，集中力量建设核心景区和乡村旅游景点，按照重点突破、全域推进的步骤，借助七洞沟、蜀南花海等核心景区优势，带动古河镇乡村旅游观光景点，同时充分发挥泡桐特色农业优势，建成了林下藏香猪、油茶观光区。由此古河镇以点带面，所有景点都被串联起来，形成"大旅游圈"，实现了扩大旅游影响距离、提升客流量、延长游客停留时间、增加旅游服务附加值等目标。

（五）完善基础设施与人才储备

旅游的本质是消费的搬运，旅游消费业态的支撑需要大规模的旅游基础设施与公共服务设施体系。对于旅游扶贫来说，硬件设施建设更是旅游扶贫的基础，直接关乎旅游产业能否取得长足发展，这是精准扶贫的内在要求，也是旅游扶贫的物质基础。古河镇在建设全域旅游示范区与旅游扶贫模式中积极完善基础设施：一方面，在重点景区和重点村加大开发建设力度，实施加宽硬化旅游公路、开通公交线路、建成旅游宾馆与娱乐场所等工程。另一方面，在发展旅游的同时为贫困户提供更多基础建设与服务，实施天然气、农村电网升级、信息网络覆盖、人饮供水工程等，抓住旅游景区建设等契机，将天然气、宽带、稳定供电与安全供水带到相关村户。

古河镇重视人才对于全域旅游发展的积极作用，不仅在人才引进方面设置多重机制，更积极加强人才培训，通过本地人才培养，开发人才、留住人才。古河镇积极开展对乡村旅游企业和乡村旅游经营户的针对性培训，提升经营管理人员和服务人员的综合素质，2015 年以来，就组织农家乐业主、饭店服务员、胭脂鱼养殖贫困户开展三批专项培训，参训人数300 人次。每年组织农产品专合社、农家乐参加长宁县旅游美食节展销会，从而提高旅游经营者和从业者参与旅游的积极性。

四、古河镇全域旅游扶贫模式仍需注意的问题

(一) 市场力量介入相对薄弱

党的十九大报告明确指出，市场在资源配置中处于支配性的位置，遵循市场经济规律，有助于让一切劳动、知识、技术、管理、资本的活力竞相迸发，让一切创造社会财富的源泉充分涌流，也有助于让发展成果更多更公平惠及全体人民，进而奠定实现共同富裕的物质基础。因此，古河镇在推动旅游扶贫过程中，应始终尊重产业发展的内在规律，借助"看不见的手"的市场力量。当前，古河镇还没有摆脱"保姆"心态，试图依靠政府力量搞5A级景区，忽略了商业回归市场、推动特许经营等来管理俱乐部产品的重要性。

(二) 缺乏对旅游目标市场与顾客群体的分析

首先，客观地说，古河镇尚不具备制定出完善的全域旅游扶贫规划的能力。这并不是说，在古河镇旅游扶贫发展的过程中政府可不作为。在短期内，古河镇可以采用问题为导向的方式推动竹产业的发展。其次，很多实际问题阻碍古河镇旅游扶贫发展，需要花时间去解决一个又一个具体的问题。其中，目标顾客群体分析不足就是其一。当前，乡村旅游盛行，但同质性高，产品应走品牌化、个性化发展道路，明确市场定位与目标顾客群体，因此如何重新满足周边居民与外来游客的诉求是关键。最后，景区内的旅游产品单一，相对低端，未形成"水陆空"一体的产品体系，景观季节性明显，客流量峰谷差值明显，无法形成全时空旅游体验。

(三) 缺乏对基层治理体系、治理队伍的培养

旅游产业发展具有前期投资巨大、收益外部性很强的特征。因此，依托天然景观兴起的旅游产业都采纳了政府主导、政企合一的国有管理模

式。然而，这一管理模式呈现的弊端越来越明显，突出体现在机构臃肿、人浮于事、管理效率低下、缺乏市场嗅觉，造成与民争利、压制市场发育、阻碍有效的基层治理模式发展的不利局面。党的十八大以后，各地都在习近平新时期中国特色社会主义思想的指导下，尤其是根据生态文明建设和治理体系现代化的总体要求，积极探索新的治理模式。古河镇在探索全域旅游扶贫模式的发展过程中，还没有考虑到基层治理体系的重塑问题，不仅包括基层党组织建设，也包括村民自治体系建设。在全域旅游扶贫模式的发展过程中，基层治理体系的缺失对农民参与的积极性及农民意愿的表达十分不利。

五、可进一步提升的做法

（一）坚持政府为主导、市场为导向

贫困地区大都地处偏远山区，交通不便，信息不通，资金匮乏，人才奇缺，这些地区仅仅依靠自己微薄的力量来发展旅游业，即使有丰富的旅游资源，也力不从心。旅游扶贫战略的实施必须是大手笔的、全方位的，任何旅游企业和个人都难以承担，只有政府才能担当此重任。从当地旅游扶贫战略的提出、开发机构的设置、资金的筹集、基础设施的建设、景区形象的整体推广，直至旅游人才的培养等都需要政府进行整体设计和宏观调控。前述的成功范例无一例外地说明政府在旅游扶贫中的主导作用，离开了政府的主导作用，旅游扶贫能取得成功是难以想象的。

政府在旅游扶贫中的作用主要表现在以下两个方面：①制定政策与法规，为旅游业的发展提供良好软件支撑。政府要根据本地的特点出台相应的引进资金和人才、税收优惠等一系列政策，制定科学的、切实可行的中、长、远期旅游发展规划，颁布相应的法规，保护生态资源和文化旅游资源。②改善基础设施，为旅游业的发展提供良好的硬件支撑。实施旅游扶贫战略要解决几个关键性问题：一是要解决好"可进入性"的问题。由

于贫困地区可进入性差，首先要解决旅游交通问题。如果交通问题不解决，旅游资源就不能和海内外旅游市场联系起来，就不能实现有效开发和利用。二是要解决好把"资源"变为"产品"的问题，就要搞好"行、游、住、吃、购、娱"六大要素的配套开发。三是要解决好把"产品"变为"商品"的问题，搞好对海内外旅游市场的促销，使消费者了解、购买和享受这些旅游产品，实现这些产品的商品价值。四是要当地居民参与，当地居民参与旅游活动才能实现脱贫致富。要解决好这四个方面的问题，必须要有政府的引导、规划、调控与监督。但是政府不可能包办一切，旅游扶贫开发本身是在市场经济环境下的一种扶贫模式，开发能否取得成功，还是由市场说了算，实施旅游扶贫战略，就要引入市场经济机制，进行企业化运作，以市场为导向，积极开发市场所需要的产品，满足市场需求，在市场竞争中以自己的特色旅游产品取胜，达到脱贫致富的目的。

（二）以当地居民受益为目的、以当地居民脱贫致富为目标

旅游扶贫战略是一种能够为贫困人口产生最大经济利益的旅游战略。其目标明确定位在使贫困人口经济利益最大化和致力于贫困人口发展机会的开发上。如旅游产业应尽力扩大当地劳动力、货物以及服务业的使用，扩大并密切其与相关产业之间的联系，保证基础设施的建设与环境战略的制定使贫困人口受益，构建一个充分满足旅游地贫困人口需求的政策框架与规划模式。一般的旅游开发的目标被集中在努力获得最大的经济效益上，发展中国家则以获得外汇收入为最高目标，使开发贫困人口的经济利益与发展机会方面的潜力被严重忽视，甚至使旅游目的地的贫困人口因为技能与资金的短缺而被孤立在旅游开发活动之外。由于贫困人口通常缺乏发展资金，发展技能相对较低，因此，正式就业于旅游操作与旅游管理部门的贫困人口极少，旅游产业的经济利益更多地被相对较富的人享有。实施旅游扶贫战略的目标是使当地居民脱贫致富，要实现这一目标，就要让当地居民参与旅游活动，成为旅游业发展的主力军。

（三）以环境保护、地区经济可持续发展为原则

旅游扶贫建立在可持续发展的基础上，考虑社会、环境和文化的成本与效益，实现社会、生态、经济综合利益的最大化。贫困地区的旅游开发不能急功近利、目光短浅，进行开发时，要重保护，进行保护性开发，合理地、逐步地开发，实现社会、自然和人的和谐发展。

贫困地区的旅游资源因其原始的风貌而备受旅游者的青睐。在旅游开发时，要尽量保持旅游资源的原始性和真实性。洪湖瞿家湾恢复湖区生态植被、宜昌黄牛岩退耕还林、神农架木鱼镇禁伐养绿，充分说明保护自然生态环境对旅游开发所具有的重要性。环境保护既包含自然生态环境，也包含人文生态环境。具体表现在不仅要保护大自然的原生韵味，而且要保护当地特有的传统文化。不要把城市现代化建筑、生活方式、娱乐文化等移植到旅游景区。接待设施应与当地自然及文化协调，保证当地自然与人的和谐意境不受损害。生活方式应保持当地固有的方式与特色，娱乐项目应尽量发掘民俗文化中的传统项目，这既是吸引都市人的特色旅游资源，也是降低旅游开发成本的有效途径。只有保护好当地自然生态环境和人文生态环境，才能实现贫困地区旅游的可持续发展。以牺牲当地自然生态环境和人文生态环境为代价的旅游扶贫开发等于杀鸡取卵、竭泽而渔，可能会有一时之效，但绝不会长久。

（四）以旅游扶贫为依托，重塑乡村基层治理体系

乡村振兴战略是习近平同志 2017 年 10 月 18 日在党的十九大报告中提出的战略。他指出，农业农村农民问题是关系国计民生的根本性问题，必须始终把解决好"三农"问题作为全党工作重中之重，实施乡村振兴战略，并提出了"产业兴旺、生态宜居、乡风文明、治理有效、生活富裕"的 20 字总要求。在 2018 年 3 月全国两会山东代表团审议时，习近平总书记提出要推动"五个振兴"，即乡村产业振兴、人才振兴、文化振兴、生态振兴和组织振兴，这是习近平总书记"乡村全面振兴"思想的进一步深

化升华和具体化。组织振兴，是乡村振兴的保障条件。火车跑得快，全靠车头带。实施乡村振兴，必须要有有效的乡村治理和坚强的农村基层党组织作为根本保障，没有坚强有力的基层组织就不可能实现全面振兴的目标。因此，要打造千千万万个坚强的农村基层党组织，培养千千万万名优秀的农村基层党组织书记，深化村民自治实践，建立健全党委领导、政府负责、社会协同、公众参与、法治保障的现代乡村社会治理体制，这样才能确保乡村社会充满活力，安定有序。只有做到这一步，才能避免农民富起来了、村庄凝聚力丧失的悲剧。

六、古河镇全域旅游扶贫模式形成的经验

（一）坚持政府主导、政策引领的发展方向

首先，古河镇所属管辖政府，通过科学规划，制定当地旅游扶贫发展规划与相关政策，明确乡村旅游扶贫定位、范围与方式。其次，通过积极的扶持政策和资金支持鼓励和引导乡村贫困农民融入乡村旅游开发和经营。最后，加强和完善乡村旅游基础设施建设，重点加强环境整治、道路建设、绿化建设、旅游基础配套设施和公共服务体系建设。

具体体现在以下几个方面：①领导重视，周密部署。古河镇领导高度重视旅游工作，年初成立了专门的旅游工作领导小组，并下设了专门的旅游办公室，由经发办主任兼旅游办主任。同时，迅速行动，结合旅游方面已有和在建项目，科学、合理地制定镇年度旅游工作目标、计划及具体举措，有序推进了年度旅游各项工作。②科学规划，统筹实施。2017年，古河镇有序推进"1+4+N"全域旅游规划，配合长宁县"国家全域旅游示范区"创建工作领导小组及相关部门做好创建工作，推进多规合一的全域旅游总体规划，逐项落实工作任务。③加大资金投入，完善基础设施。争取上级资金，发挥政府引导性资金的宏观导向和激励作用，按照"吃、住、行、游、购、娱"旅游六要素建设需求，整合资源，加大对重点景区和重

点村的开发建设力度。交通方面，对旅游公路进行加宽硬化，改善交通条件，促进旅游业的发展。2017年完成了古河—蜀南花海的6.5米宽黑化道路建设，有效推进了开佛—古河村道加宽至6.5米硬化路建设和老翁—古河6.5米硬化路加宽工程。接待设施方面，兴隆湾生态度假村、七洞沟宾馆投入使用并申报为规上服务业和星级农家乐，尤其是兴隆湾生态度假村已由三星级农家乐申报为五星级农家乐；2018年全镇新增了农家乐32家，休闲娱乐场所4家，接待床位达到800个，建成旅游商品购物中心1个。旅游点基础设施建设方面，完成了门楼、停车场、花卉便民道、旅游厕所、交通指示牌、防护栏等配套设施的全面改造升级。④推广旅游培训，提高服务水平。积极培训和引进旅游人才，不断优化旅游行业管理人员和从业人员队伍结构，积极构建镇、村的旅游人才梯队建设；高度重视旅游从业人员的培训，2017年以来多次协调组织旅游从业人员培训，努力提高旅游从业人员整体素质，从而进一步提高古河镇旅游服务整体水平；鼓励乡村旅游龙头企业吸纳本地农村劳动力，尤其是贫困劳动力，有效解决农村剩余劳动力就业问题，增加旅游收入占比，帮扶部分建卡贫困户脱贫致富，提高本地农民参与乡村旅游业发展的能力和水平，真正实现旅游带动扶贫、旅游助推扶贫。

（二）因地制宜，推动多元化发展

古河镇旅游扶贫开发的特色在于因地制宜，多元化发展，依据贫困地区不同的资源特色进行差异化开发。既充分利用乡野农村风光、田园景观、特色民居建筑，又借助民俗风情、农业节会、农耕文化提内涵，显特色，聚人气。围绕旅游扶贫目标，古河镇着力于红色新村、幸福村、和乐村三村科学布局，认真布点，选取景观质量最高、开发价值最大的乡村旅游点作为旅游扶贫示范点。通过对区位合理性、产品差异性、游乐参与性、空间开放性和效益辐射性的综合分析，古河镇目前确定了红色草莓基地、贫困村七洞沟风景区、蜀南花海三个乡村旅游点作为旅游扶贫示范点。

此外，古河镇应用"生态+文化""景区+农家""公司+订单+农户土特产""生态+文化"模式，以美丽乡村为载体，把农村生态资源和农村特色文化融入乡村旅游，促进乡村旅游拓展内涵、彰显特色、提升品质。其中，红色村"最美红色人"的"景区+农家"模式，是以景区景点为依托，鼓励周边农民包装农家庭院建筑，发展休闲观光农业，参与旅游接待服务，形成景区与农家互促共荣的乡村旅游发展格局。以古河"红烧鹅"为代表的"公司+订单+农户土特产"模式，是以农家土鸡土鸭为重点，着力于生态资源优势，采用全程技术跟踪服务，全程跟踪贫困户生态喂养过程，全程跟踪销售过程，采取通过《消费质量报》的微信平台宣传下订单的方式，结对帮扶部门和宾馆饭店签订单，促进销售有保障，开发旅游特色商品。

（三）整合资源，立体扶贫

资源没有整合就不能有效集聚，也不能发挥最大效益。古河镇旅游扶贫多管齐下，立体扶贫，实现扶贫项目、资金、政策、机制、措施全覆盖。乡村旅游扶贫首先要整合乡村旅游资源和生产要素，使旅游六要素合理化、高级化，打造乡村旅游产业亮点，形成规模效应。其次，古河镇整合利用浓郁的乡村文化、独特的民风民俗、鲜明的乡村风貌、特色的乡村物产和精彩的乡村故事塑形象、打品牌，增强市场竞争优势，提升市场竞争力，实现乡村旅游扶贫可持续发展。最后，古河镇整合社会资源，利用政策优势争取资金、技术、人才支持，改善基础设施和软硬件环境，提升贫困人口的思想观念意识和经营管理能力，提高乡村旅游扶贫效益。

（四）创新机制，多样发展

古河镇乡村旅游扶贫工作做到了多部门密切合作。体制机制建设至关重要，直接关系到扶贫动力和效益，只有理顺体制机制才能真正让乡村旅游惠及贫困农民，实现"造血扶贫"。另外，古河镇还将旅游扶贫与新农村建设、城乡风貌改造和发展现代农业相结合，让乡村旅游带动其他相关产业发展，实现脱贫致富。

（五）精准识别，精准扶贫

精准扶贫是我国扶贫新战略，有别于以往粗放式和漫灌式扶贫，它强调采用科学有效的方法和程序对不同环境和不同状况的贫困对象进行精确识别、精确帮扶和精确管理。因此，古河镇旅游扶贫首先科学识别了扶贫目标人群和扶贫项目，锁定了帮扶对象和帮扶内容，确保了扶贫目标不偏离，以增强古河镇旅游扶贫工作针对性，提高乡村旅游扶贫资源配置效率。其次，要在人、钱两方面细化，古河镇确保了帮扶措施落实到户到人，让贫困农民参与和分享乡村旅游收益，并帮助农民提高旅游经营管理能力。最后，古河镇有序开发，科学管理，指导旅游经营者严格按照标准规范经营，维护了旅游市场秩序，走可持续发展之路。这些举措使古河镇收到了良好的社会成效：①农民收入增加。古河拥有丰富的农特资源，古河土鸡、生态鸭、草莓、西瓜等全市闻名。但长期以来，农民丰产总难以带来"丰收"，主要原因是产品附加值低。旅游业的发展带动了商业的发达，初级农副产品被研发为特色旅游商品，附加值增加，一大批旅游商品深受游客欢迎。以草莓为例，古河草莓市场价为 5~15 元/斤，通过游客观光体验采摘的草莓出售价一般为 30~100 元/斤。通过旅游市场，大大增加了农户的收入。②就业压力缓解。在古河农村主要收入来源一般为外出打工，古河能够提供的就业岗位少并且工资收入低，旅游产业具有"离土不离乡"、就业方便的优势。目前古河镇结合长宁县北部旅游连片发展规划，突出以 AAAA 级景区七洞沟和蜀南花海为重点，带动村民直接就业 1200 人，间接就业农民 5000 人。幸福村、和乐村 70% 的农户从事旅游经营，旅游收入占全村总收入的 75%。以开办农家乐为例，一个普通农家乐能够解决 5 人就业，规模稍大的还需要增加厨师、服务员等，能够提供 8~10 人就业。③社会秩序得以维护。通过旅游业发展，带动农产品加工业、饮食业的发展，直接促进农村产业结构调整，农村增长增收，城乡收入差距得到缓解。同时有助于村容村貌的转变，为新农村建设添加助力。分别建设了红色新村、和乐新村，按照一个新村就是一个旅游景点和接待点的标准进行建设，开展环境保护，建设宜居村庄。

（六）营销驱动，品牌提升

乡村旅游扶贫开发需要利用新媒体把乡村旅游吸引力的关键要素，比如多彩的乡村风貌、独特的民风民俗、精彩的故事传说、特色的物资物产，通过网络终端、手机终端、大屏幕等多种营销渠道宣传出去。具体来说，可以整合资源建设乡村旅游官方网站、手机门户网站或者开发乡村旅游 App，丰富宣传信息并提升乡村旅游的在线服务功能。可以与新浪、腾讯、网易等门户网站合作，开通乡村旅游官方微博，开设乡村旅游 SNS 社区，利用微信、米聊等现代媒体和自媒体工具进行分享营销。也可以拍摄微视频、微电影通过多媒体全方位展示乡村资源和乡村风貌，还可以与虚拟旅游企业合作，将乡村旅游资源和产品通过虚拟三维软件系统展示出来，提升游客感知度。古河镇的具体做法是：①加大投入，充分利用高速公路、宜长路、江长路、乡村公路等，设置多块旅游宣传牌。②邀请中央电视台、乐视视频、长宁电视台、报社等多家主流媒体到古河来采风，体验生活，有效地通过媒体扩大古河的知名度。③在多家知名媒体上发表旅游相关信息。古河旅游信息曾一度被推送至中国财经时报网、四川在线、今日头条、优酷网、川南网等，让古河旅游进入更多人的视线。④积极参加各大旅游会议。古河镇书记、镇长等多次在各项旅游会议上带头发言，争做全域旅游领头乡镇。

七、结论

古河镇全域旅游扶贫模式是新时代我国推进国家农村体制改革、实现乡村振兴目标的重要基层成果之一，具有重大的理论与实践意义。古河镇基于自身发展需求，全域旅游扶贫模式共探索出六大经验，包括：①坚持政府主导、政策引领的发展方向；②因地制宜，推动多元化发展；③整合资源，立体扶贫；④创新机制，多样发展；⑤精准识别，精准扶贫；⑥营销驱动，品牌提升。上述经验的形成，为我国其他地区全域旅游扶贫模式的探索提供了完备的经验素材，具有推广借鉴价值。但不可否认的是，古河镇全域旅游扶贫模式仍在"引入市场力量、分析市场环境、建设基层治理体系与治理队伍"等方面存在一定的不足。为进一步实现国家发展目标与自身发展路径相互促进的共赢目标，古河镇全域旅游扶贫模式需在坚持政府为主导的前提下，适度加强市场的引导力量，使发展目标更加倾向于以当地居民受益为目的，并注重经济发展与环境保护的双向平衡，以旅游扶贫为依托，重塑乡村基层治理体系，进而实现乡村振兴的目的。

五粮液安吉物流公司采用甩挂运输打造高效—绿色—安全的现代物流服务体系

姚建明　　周德科　　锁立赛　　王墨竹

一、案例背景与起因

党的十九大把"绿水青山就是金山银山"写入党章；2018 年"两会"又将建设"美丽中国"和生态文明写入宪法，环保已上升为建设现代化强国的国家战略。2014 年 9 月 12 日颁布的《物流业发展中长期规划（2014—2020 年）》，对中国物流发展提出了最具潜力的发展方向。规划提出目标：到 2020 年，基本建立布局合理、技术先进、便捷高效、绿色环保、安全有序的现代物流服务体系。本案例——五粮液集团安吉物流甩挂运输试点项目，正是在这样的背景下应运而生。

（一）国家层面

道路货运是综合交通运输体系的重要组成部分，是国家物流系统主要的依托载体，也是经济社会重要的基础性服务业。四川地处中国西南，是西部和中部地区的重要接合部，是重要的商品集散地。四川省公路运输系统完善，道路货运业是四川省货物周转的主要形式。

然而，由于传统道路运输方式有较多不完善和不合理的地方，导致能耗高、二氧化碳排放强度高往往成为制约道路货运业发展的瓶颈，严重的能源消耗和污染气体的排放使道路货运业成为了交通运输领域的耗能大户。随着交通运输业节能减排工作的深入开展，如何发展绿色货运备受国内外各界关注。

甩挂运输作为发达国家广泛采用的一种先进的货运组织形式，可提高道路货运的集约化水平和运输效率，降低货运的单位能耗强度和二氧化碳排放强度。因此，甩挂运输已成为当前我国发展绿色货运的热门话题。

在北美、西欧等公路网络比较发达的国家，甩挂运输已经成为主流的运输方式，甩挂运输承担的货运量占总货运量的70%以上。实验证明，采用甩挂运输可以减少油耗20%～30%，能大幅降低物流行业的能源消耗和污染排放。与传统运输方式相比，甩挂运输具有明显优势：一是减少装卸等待时间，加速牵引车周转，提高运输效率和劳动生产率；二是减少车辆空驶和无效运输，降低能耗和废气排放；三是节省货物仓储设施，方便货主，减少物流成本；四是便于组织水路滚装运输、铁路驼背运输等多式联运，促进综合运输的发展。甩挂运输在国际上得到了广泛的推广应用，已经成为非常普遍的先进运输组织方式。但我国甩挂运输发展相对滞后，牵引车和挂车数量少，拖挂比低，道路货物运输仍然以普通单体货车为主，与节能减排和发展现代物流的要求不相适应。

为了有效提高现代物流的节能减排，国家出台了诸多政策和措施，例如：《国务院关于印发物流业调整和振兴规划的通知》（国发〔2009〕8号）、《中华人民共和国国民经济和社会发展第十二个五年规划纲要》《西部大开发"十二五"规划》（国家发展和改革委员会2012年2月）、《商贸物流发展专项规划》（商贸发〔2011〕67号）、《关于加快推进农业科技创新持续增强农产品供给保障能力的若干意见》（2012年中央一号文件）等文件，均对我国未来的现代化物流业发展提出了节能减排的具体任务和目标。

特别是2014年9月12日颁布的《物流业发展中长期规划（2014—2020年）》，对中国物流发展提出了明确的发展方向。规划提出目标：到2020年，基本建立布局合理、技术先进、便捷高效、绿色环保、安全有序的现代物流服务体系。发展重点为：着力降低物流成本；着力提升物流企业规模化、集约化水平；着力加强物流基础设施网络建设。同时，规划提出，到 2020 年，中国物流业发展的主要任务有：大力提升物流社会化、专业化水平；进一步加强物流信息化建设；推进物流技术装备现代化；加强物流标准化建设；推进区域物流协调发展；积极推动国际物流发展；大力发展绿色物流。

从国家层面来看，为了实现物流业的节能减排，从政策措施、管理理念和方式变革以及物流设施改造和相关技术升级等领域来推进已经是一个必然的发展趋势，甩挂运输作为一种成熟的物流运输方式，必将在现代物流节能减排、提高运输效率中发挥出重要的作用。

(二) 企业层面

宜宾五粮液集团是我国白酒行业的龙头企业，该集团先后成立了普什集团有限公司、丽彩集团有限公司、环球集团有限公司、安吉物流集团有限公司、五粮液集团进出口有限公司及四川川橡集团有限公司等。在五粮液的千亿元战略定位中，仍然以酒业为核心，集团将围绕酒业服务，根据自身优势发展多元化业务。对于整个五粮液集团来说，安吉物流与其他公司共同构成总公司多元化发展的支柱。在围绕酒业这个主业上，各公司之间具有一定的协同优势。

一直以来，一个现实的问题是，由于每个公司所注重的业务均不同，尽管同属于一个集团之下，但是各公司之间仍然存在信息不流畅、管理力量分散、资源利用率不足等问题，特别是这些公司在物流运输方面形成的规模优势并没有得到进一步整合，而安吉物流对于整个集团公司的物流业务贡献能力也未充分发挥出来。

由于五粮液集团以实体业务为主，所以物流功能在五粮液集团的整个业务体系中占有十分重要的地位。为了应对日益严峻的市场竞争，五粮液集团把物流能力定位为形成企业竞争优势的核心能力。因此，集团通过大力支持安吉物流的发展，从战略上实现原料采购、生产支持、物资配送等的全过程一体化，并拟定了"以最低的物流总成本向客户提供最大附加值的服务"的管理目标，将物流管理作为降低经营总成本和提高顾客服务水平的主要手段。然而，安吉物流各功能布局分散于主业生产区，资源不集中、管理跨度大，导致物流成本处于相对较高水平，也不利于进一步提升管理水平。因此，对安吉物流公司而言，如何采取必要的措施和途径来提高物流效率、降低物流成本、提升物流客户的服务水平是一个重要的挑战。

为了解决这一问题，安吉物流将甩挂运输作为物流运输方式变革的运行试点。通过将物流中心甩挂运输站场建设于五粮液产业园，能够最大限度地与其他分公司共同发挥协同优势，共享信息资源，进一步降低原料、产品流通成本，增加总公司的核心竞争力；可以进一步实现公司管理组织的扁平化，提高效率，降低物流成本。另外，发展甩挂运输也有利于安吉物流发展第三方、第四方现代化物流，把物流业务做大做强。

（三）理论意义与现实意义

安吉物流作为五粮液集团的子公司，通过发展甩挂运输项目有效地提高了运输车辆的利用率，提高了运输能力，降低了运输成本和仓储成本；通过配套的统一信息化系统平台的搭建，有效地整合了运输企业资源、客户企业资源以及全国各地的仓储资源，客观上推动了我国第三方物流业的运营模式改革与发展，也在资源节约和环境保护方面做出了卓越的贡献，具有显著的意义：

（1）降低人工支出。由于在甩挂运输中牵引车数量大大减少，企业可以减少聘用驾驶员的数量，减少劳动力消耗及相关费用支出，有效提高企业的全员劳动生产力。

（2）减少货损货差。甩挂运输采用全封闭的厢式车或集装箱运输车，采用自动化辅助设备装卸，货物在运输和装卸过程中比较安全，有利于降低货损货差。

（3）降低物流成本。甩挂运输能够合理协调货物运输与装卸作业的时间，加快物流作业速度，提高物流效率。同时，甩挂运输可以实现零库存，提高仓库利用率，节省货物仓储设施，减少物流成本。

（4）实施甩挂运输，有利于建设第三方物流平台，促进物流、资金流、信息流的优化整合。实施甩挂运输有利于发展供应链金融，主业副业并行，从白酒运输物流向综合运输发展，逐步形成全能型、智能化物流公司。

二、甩挂项目的实施过程

（一）国家政策扶持

安吉物流公司根据 2009～2010 年交通运输部等部委联合发布的关于国家鼓励发展甩挂运输等相关文件精神，结合公司将甩挂运输列为"十二五"重点项目的规划，于 2012 年 7 月，向国家交通运输部申报甩挂运输项目试点，经四川交通运输厅运管局进行省内项目筛选推荐至交通运输部。2012 年 11 月 20 日参加由交通运输部组织的专家评审并通过评审，最终于 2013 年 8 月 29 日被确定为 2013 年度甩挂运输试点项目，并分别获得中央预算内资金 1000 万元（2014 年下达）和四川省财政补助资金 200 万元（2013 年下达）。现方案项目主体于 2016 年 12 月底完工，2017 年 3 月竣工验收并试运营，于 2018 年 3 月正式通过四川省交通运输厅验收。

（二）具体做法

自项目确立以来，安吉物流成立了专门领导小组积极推进甩挂运输试点工作，基本完成了《四川省宜宾五粮液集团安吉物流公司甩挂运输试点项目实施方案》（以下简称《实施方案》）设定的主要建设内容、采购内容及各项指标，满足《验收指南》规定的基本条件。甩挂项目的具体实施如下：

（1）安吉物流在试点期间完成宜宾物流中心甩挂运输站场建设。站场总投资 1.1786 亿元，新建仓库 41235 平方米、甩挂运输作业装卸平台 20400 平方米、停车场 19130 平方米、站内道路 30648 平方米。全部适用于甩挂运输。承运宜宾至成都、宜宾至天津、宜宾至上海这三条试点线路的甩挂运输。

（2）试点线路全部按照方案实施甩挂运输，共投入牵引车 34 辆、挂车 68 辆，与《实施方案》的牵引车 34 辆、挂车 68 辆一致，拖挂比 1∶2，完成运力投入目标的 100%。

（3）试点项目已基本完成甩挂运输站场所需设备设施，合计金额 399.43 万元，完成设备购置目标的 100%。

（4）试点项目已完成甩挂运输信息系统建设，合计金额 110.4 万元，建立甩挂运输车辆订单管理系统（OMS）、调度运输管理系统（TMS）、仓储管理系统（WMS）、物流可视化管理平台（站场视频/3G/北斗/GIS），有效满足了客户的需求，并按公司甩挂运输试点项目运行信息报送制度的要求按时报送试点项目运行情况相关信息。

（5）试点项目节能减排（国家"十三五"规划，绿色发展结合宜宾市政府的发展策略）达到《实施方案》设定的节能减排指标，节能减排指标为《实施方案》设定目标的 100%。

（三）成果与特色

安吉物流新建宜宾物流中心甩挂运输站场，并结合五粮液在全国的经销商网络和零担业务需求量的增加，分别在成都、天津、上海设立物流基地，开展"一线两点"的干线甩挂运输。转变原来只能从宜宾装成品酒至各区域，车辆空返的情况。大大提高干线运输的实载率，提高运输效率，降低运输成本。

同时，安吉物流甩挂项目建设及业务发展要求建立快速响应市场的集全国仓储、干线运输、配送于一体的甩挂运输网络体系，切实提升物流服务质量、效率，降低物流成本，在信息化建设方面为客户量身打造供应链一体化管理平台，包括：订单管理系统（OMS）、调度运输管理系统（TMS）、仓储管理系统（WMS）、物流可视化管理平台（站场视频/3G/北斗/GIS），有效满足了客户的需求。

安吉物流通过建立订单管理系统（OMS）、调度运输管理系统（TMS）等，实现系统整合与集成，打通各个独立系统之间交互的桥梁，完成与客户系统、承运商系统的对接。安吉物流建立起订单、调度、甩挂管理、集装箱管理、仓储、结算、运输、货代、客户关系管理等功能模块。其中，仓储管理支持多仓库、多货主管理，支持平库、立体库、AS/RS智能立体仓管理等，实现了对仓库库区、库位、上架分配、作业节点控制等仓储的精细化管理，满足客户个性化仓、配需求。实现了仓储与运输协同作业、总部调度与区域仓调度协同作业。具体包含订单管理、甩挂调运管理、承运商多级派单管理、自有车辆管理、承运商管理、车辆在途管理、运抵回单签收管理（纸质签收与电子签收等多种方式）、零担与整车管理、城市配送管理、基于全流程的仓库信息系统管理、结算管理等多业务信息化管理。

安吉物流通过建立物流可视化管理平台，便捷了车辆调度管理，保障甩挂站场、甩挂运输货物安全，公司实施了物流可视化管理系统。北斗车辆联网实现了车辆定位、里程、油耗、各类报警异常（超速、疲劳驾驶、异常停车、未按规定线路行驶、规定时间外动车等）功能，方便调度员对公司车辆统一调派、执行协调、执行监控。通过物联网技术、3G移动视频监控技术，将物流车辆及甩挂集装箱远程视频图像、位置信息进行联网，并汇总至总调度中心，通过总调度中心实现车辆调派及远程物流过程可视化管理。调度人员可实时根据车辆动态进行调度，并对在途驾驶室与集装箱内货物视频图像进行全天24小时安全监控管理，安吉车辆监控率达到100%。同时，安吉物流在宜宾及全国各甩挂站场，建立了视频监控平台，平台共接入约400个高清摄像头。该平台具有实时监控、录像、轮巡、移动侦测报警、遮挡报警等功能，可远程指挥，并监控仓库、站场等重点区域安全，发生移动侦测异常视频自动投屏到监控大屏上，提醒及时核实处理。

三、甩挂项目的实施成效

（一）甩挂运输方式的能耗估算

安吉物流甩挂运输试点项目共有七条路线，在全国七大区域由北向南依次在沈阳、天津、西安、成都、武汉、上海、广州建了七个物流基地，汽车配送 72 小时送达服务覆盖全国东北、华北、西北、西南、华中、华东、华南七大区域。以宜宾至成都、宜宾至南京、宜宾至北京的能耗估算为例，具体如下：

1. 甩挂运输试点线路能源消耗分析

传统运输单车平均油耗为 30 升/百公里，开展甩挂运输业务后，车辆里程利用率提高，重车公里数增加，平均油耗为 40 升/百公里。

宜宾至成都：传统运输方式单车油耗为 1.765 升/百吨公里，甩挂运输方式为 1.6 升/百吨公里，燃油消耗节约率为 9%，具体测算如表 1 所示。

表 1　单车燃料消耗对比分析（宜宾至成都）

运输方式	单车年总行驶里程（公里）	单车年完成周转量（吨公里）	单车年总耗油量（升）	单车百公里油耗（升/百公里）	单车百吨公里油耗（升/百吨公里）
传统方式	140800	2393600	42240	30	1.765
甩挂方式	281600	7040000	112640	40	1.600
增减量	140800	4646400	70400	10	-0.165
增减率	100%	194%	167%	33%	-9%

资料来源：安吉物流公司实验数据。

宜宾至南京：传统运输方式单车油耗为 1.875 升/百吨公里，甩挂运输方式为 1.6 升/百吨公里，燃油消耗节约率为 15%，具体测算如表 2 所示。

表2　单车燃料消耗对比分析（宜宾至南京）

运输方式	单车年总行驶里程（公里）	单车年完成周转量（吨公里）	单车年总耗油量（升）	单车百公里油耗（升/百公里）	单车百吨公里油耗（升/百吨公里）
传统方式	106594	1705502	31978	30	1.875
甩挂方式	184908	4622694	73963	40	1.600
增减量	78314	2917192	41985	10	−0.275
增减率	73%	171%	131%	33%	−15%

资料来源：安吉物流公司实验数据。

宜宾至北京：传统运输方式单车油耗为1.875升/百吨公里，甩挂运输方式为1.6升/百吨公里，燃油消耗节约率为15%，具体测算如表3所示。

表3　单车燃料消耗对比分析（宜宾至北京）

运输方式	单车年总行驶里程（公里）	单车年完成周转量（吨公里）	单车年总耗油量（升）	单车百公里油耗（升/百公里）	单车百吨公里油耗（升/百吨公里）
传统方式	109469	1751496	32841	30	1.875
甩挂方式	181251	4531279	72500	40	1.600
增减量	71782	2779783	39659	10	−0.275
增减率	66%	159%	121%	33%	−15%

资料来源：安吉物流公司实验数据。

由上所述，单车燃料消耗由传统方式提升到甩挂方式，可节约大量汽车燃油，具体如表4所示。

表4　单车燃料消耗对比分析（加权平均）

运输方式	单车年总行驶里程（公里）	单车年完成周转量（吨公里）	单车年总耗油量（升）	单车百公里油耗（升/百公里）	单车百吨公里油耗（升/百吨公里）
传统方式	110702	1782137	33211	30	1.864
甩挂方式	190546	4763642	76218	40	1.600
增减量	79844	2981505	43007	10	−0.264
增减率	72%	167%	129%	33%	−14%

资料来源：安吉物流公司实验数据。

以表4百吨公里油耗对传统运输与甩挂运输进行估算，按现O号柴油价格7.16元/升计。定点干线运输有利于推行清洁能源LNG液态天然气替换柴油，可节约成本按25%计，每年可降低成本如表5所示。

表5　甩挂运输及清洁能源燃油节约情况明细

线路	公里数	运量（万吨）	传统运输使用燃油（万吨/年）	甩挂节约燃油费（万吨/年）	LNG燃料节约费用（万元/年）	合计（万元/年）
宜宾—成都	320	2.00	11.93	10.24	12.10	21.35
宜宾—华东	1940	6.00	216.97	186.24	220.02	388.38
宜宾—华北	2100	4.00	156.58	134.40	158.78	280.27
宜宾—华中	1130	2.00	42.13	36.16	42.72	75.41
宜宾—华南	1600	3.00	89.47	76.80	90.73	160.15
宜宾—华东	2700	2.00	100.66	86.40	102.07	180.17
宜宾—西北	1100	1.00	20.50	17.60	20.79	36.70
合计	10890	20	638.24	547.84	647.21	1142.43

资料来源：安吉物流公司实验数据。

可见，甩挂运输业务节约燃油成本可达千万，经济效益非常可观。

2. 承载其他甩挂运输作业的能源消耗分析

本项目实施所建设的甩挂运输站场是面向社会提供仓储服务的公共型仓库，达到设计能力后将实现年处理货物量达到160万吨。由于试点项目带动，部分社会车辆将逐步开展甩挂运输，预计站场50%的作业量将进行甩挂运输，年甩挂运输量将达到82万吨，平均运距为1500公里。据此可以测算社会车辆的甩挂运输周转量为12300000百吨公里，按每百吨公里节油0.264升测算，共可节约燃油324.7万升，折合节约标准煤3974吨。

3. 节能效果汇总

在实施甩挂项目后，三条试点线路可以直接节约柴油106.6万升，折合标准煤1304吨。同时，本项目的实施也为社会车辆的甩挂作业提供了平台，因此可以带动社会车辆节约燃油324.7万升，折合标准煤3974吨。通过此试点项目，共可节约柴油油耗431.3万升，折合标准煤5278吨。

4. 碳排放对比分析

根据相关统计指标，每升柴油的碳排放量为2.72千克二氧化碳，在宜宾至成都、宜宾至南京、宜宾至北京三条试点线路传统运输模式下排放4.8千克/百吨公里、5.1千克/百吨公里、5.1千克/百吨公里；甩挂运输模式下排放均为4.35千克/百吨公里。碳排放分别减少了9.3%、14.7%、14.7%。

按照试点线路单位节油的加权平均值0.264升/百吨公里，即每百吨公里节油0.264升进行测算，共可节约油耗106.6万升，折合标准煤1304吨，共减少二氧化碳排放2811吨。

（二）其他业务能耗计算

本项目耗电耗水主要用于生产管理以及生活和部分业务耗能，包含站场本身耗电耗水、装卸设备耗能、站场其他设备耗能等（不含干线运输车辆消耗，该项耗能在上节中已考虑）。

运输站场年耗电量为：940千瓦时/天×330天=310200千瓦时，折合成煤指标为38.2吨标准煤（以下简称"吨标煤"）。

运输站场年耗水量为：50吨/天×330天=16500吨，折合成煤指标为1.4吨标煤。

运输站场年耗柴油量估算为1000吨/年，折合成煤指标为1457.1吨标煤。

耗能煤指标总计1496.7吨标煤，符合国家相关节能规定（见表6）。

表6　本项目年总能耗

序号	能源种类	实物量		折合标准煤系数	折合标准煤数量（吨标准煤/年）
		数量	计量单位		
1	电	310200	千瓦时/年	0.1229 吨标煤/千瓦时	38.2
2	水	16500	吨/年	0.0857 吨标煤/吨	1.4
3	柴油	1000	吨/年	1.4571 吨标煤/千克	1457.1
合计		—	—	—	1496.7

资料来源：安吉物流公司实验数据。

（三）社会效益

安吉物流率先推行甩挂运输项目，有效降低能源消耗和污染排放，促进节能减排；提升宜宾物流社会化和专业化水平，大幅提高物流信息化技术力量；促进资源有效整合，更好地发展物流业务，有效降低物流成本，提高物流效率。

（1）减少牵引车数。甩挂运输采用一车多挂，与一车一挂相比，在完成相同运输周转量的条件下，所需牵引车总量减少，相应道路的占用量降低，从而减少车辆能耗和尾气排放。

（2）提高运输效率。甩挂运输模式消除了牵引车等待装卸的时间，最大限度地消除了不同站场装卸效率的差异，提高了牵引车的工作效率和挂车的吨位利用率，大大降低吨公里油耗，减少温室气体排放。

（3）降低车辆空驶率。甩挂运输是按预定计划，在货物装卸作业点甩下所拖的挂车，换上其他挂车继续运行，可以最大限度减少空载行驶和无效运输，降低车辆能耗和废气排放。

（4）促进多式联运。甩挂运输可以促进以汽车甩挂运输为基础的铁路驮背运输、水运滚装运输等方式的多式联运，发挥铁路车辆和轮船长距离低排放的优势，减少温室气体排放。

四、甩挂项目的经验与启示

（一）甩挂项目实施的经验总结

1. 积极建立甩挂运输作业的配套设施

货运站场是道路运输的枢纽，是道路货运运输网络的节点，是实现货物门到门运输和直接为货主与车主提供多种服务的场所。与传统运输方式相比，开展汽车甩挂运输必须对传统运输站场进行部分功能改造，如重新设计仓库、月台作业功能等。为此，安吉物流在宜宾建立了适应本地甩挂运输发展需要的站场。货运站场主要由仓库、装卸作业场、停车场、道路等部分组成，主要的功能如下：首先，满足甩挂运输作业的标准化理货作业区以及完善的货物集散配送功能，具备包装、分拨、装卸等货物集散功能；其次，通过建设标准化的装卸月台，使用叉车、传送带、装卸机等设备，实现了运输装备与站场设施、设备的有效衔接，提高了装卸效率。

2. 车型标准化

车型标准化是开展甩挂运输的前提。但是在国内，专用车企业和卡车企业往往单独运行，挂车与牵引车的规格衔接匹配缺少规范标准，生产、设计过程难以统一。这一系列的问题导致挂车与牵引车在甩挂过程中"挂不上、拖不了"，直接阻碍了这种简便先进的运输模式在企业间、行业间的推广，导致甩挂运输无法大范围实施。鉴于此，安吉物流依据国家标准购买牵引车 56 台、挂车 169 台，实现车型标准化。

3. 建设功能完备的物流信息系统

甩挂运输是一种高度组织化的运输形式，对货源、运行线路、时间有严格的要求，对物流信息网络化的依赖度很高，对站场接驳能力、货物集散能力等提出了特殊的要求。因此安吉物流通过对信息系统进行更新改造，打造了由运输管理信息系统、GPS 调度管理系统、甩挂作业站场视频监控系统、仓储管理信息系统、订单管理信息系统、装卸理货管理信息系统等组成的甩挂运输物流信息处理平台。通过物流信息系统的搭建，安吉物流打通了响应市场的全国仓储、干线运输、配送的甩挂运输网络体系，切实提升了物流服务质量、效率，降低了物流成本。同时，在信息化建设方面，安吉物流为客户量身打造供应链一体化管理平台，包括：订单管理系统（OMS）、调度运输管理系统（TMS）、仓储管理系统（WMS）、物流可视化管理平台（站场视频/3G/北斗/GIS），进而有效满足客户的需求。

4. 管理标准化

根据货源地、来回程货物装载率等不同，甩挂运输组织模式也有多种。为提高运输效率，应对甩挂过程中的作业规范、管理流程等建立标准化规范。安吉物流通过制定道路甩挂运输站场作业工艺与流程标准，将甩挂运输站场作业各环节规范化、制度化，并将装卸、搬运、理货和标识等每一项作业都纳入引导和限制的范畴，使其有章可循，形成标准化流程。

5. 集聚物流资源

甩挂运输作业是在两个或两个以上的点之间进行，甩挂运输的经济性体现在两点之间具有一定规模的货运量，货运量越大，经济效益越大。但由于企业的规模是有限的，在两个或两个以上货运点之间的货运量必然有一个上限。为了集聚货源，满足客户优质高效综合物流服务的需求，物流企业之间需要相互合作。五粮液集团对下属普什集团、环球集团、丽彩集团业务进行资源整合，各子集团公司的所有物流设施、设备均被整合到安吉物流，实现资源的高效利用。各子集团的所需物资与原材料均由安吉物流承运。围绕五粮液白酒产业链的物流业务成倍增长，为甩挂运输提供了充足、稳定的货源。同时，安吉物流与沃尔玛、丰田汽车、华为电子、茅台系列酒、鸿星尔克等公司展开合作，进而形成固定客户和稳定货源。

（二）甩挂项目实施的启示

五粮液集团作为中国知名的标杆企业，其物流企业对实施甩挂项目的经验总结，为其他大型公司、第三方物流企业、政府管理部门以及作为乡村振兴重要组成部分的农产品物流等，都带来了新的启示。具体分析如下：

1. 安吉甩挂项目给大型公司带来的启示

安吉物流作为五粮液集团的下属子公司，在实施甩挂项目后，实现了五粮液集团酒类运输成本的节约和运输效率的提升。因此，对于那些具有大批量货运周转、有下属物流子公司但仍未实施甩挂项目的大型企业而言，安吉物流在项目实施方面的经验总结具有十分有价值的参考和借鉴意义。具体体现在以下几点：

（1）政策申请方面。首先，五粮液集团根据自身定位以及 2009～2010 年交通运输部等部委联合发布的关于国家鼓励发展甩挂运输等相关文件精神，于 2012 年 7 月，向国家交通运输部申报了甩挂运输项目试点，在经四川交通运输厅运管局进行省内项目筛选后推荐至交通运输部。其次，五粮液集团通过对安吉物流公司的大力支持，于 2012 年 11 月 20 日参加由交通运输部组织的专家评审并通过评审，最终于 2013 年 8 月 29 日被确定为 2013 年度甩挂运输试点项目（交运发〔2013〕505 号文件：《关于确定甩挂运输 2013 年度试点项目（单位）的通知》），并分别获得中央预算内资金和四川省财政补助资金。最后，在五粮液集团的支持下，安吉物流公司完成了基础设施建设、标准化车辆的购入、信息化系统建设以及其他配套设施的建设，于 2016 年 12 月底完工，2017 年 3 月竣工验收并试运营，于 2018 年 3 月正式通过四川省交通运输厅验收。

（2）内部物流资源整合方面。为了发挥甩挂项目在节约成本、加快周转率、提升效率等方面的优势，五粮液集团对下属普什集团、环球集团、丽彩集团业务进行资源整合，各子集团公司的所有物流设施、设备均被整合到安吉物流，实现资源的高效利用。同时，五粮液集团将各子集团的所需物资与原材料均交由安吉物流承运，实现了运输的规模效应，发挥了甩挂运输的优势。可见，在围绕五粮液白酒产业链的物流业务成倍增长的基础上，集团通过资源整合，为甩挂运输提供了充足、稳定的货源，在各子公司物流成本节约、运行效率提升的基础上，实现了整个集团效益最大化。

（3）借鉴安吉物流公司甩挂项目的经验总结。大型企业在实施甩挂运输项目时，还可以从积极建立甩挂运输作业的配套设施、车型标准化、建设功能完备的物流信息系统、管理标准化等方面学习安吉物流甩挂项目的成功经验。

2. 安吉甩挂项目给第三方物流公司带来的启示

第三方物流公司作为物流服务的外部供应商，在一定程度上使核心企业摆脱物流对其的束缚，使企业将精力集中于核心业务，进而降低企业的物流成本。同时，第三方物流公司也提供灵活多样的顾客服务，为顾客创造更多的价值。但中小型企业在将物流服务外包给第三方物流公司时，由于货运量较少，第三方物流公司在为客户提供运输服务时，大多采用单车承包等方式，不具有规模效应，使其运输成本增加。再加上各第三方物流（Third-pant Logistics，3PL）公司之间缺乏合作，导致3PL公司在为客户减少了配送成本的同时，随之而来管理成本却会上升，因此其为客户节约的最终成本非常有限。

甩挂运输作为一种新型的运输模式，能有效降低运输成本、提升运输效率。对于第三方物流公司而言，实施甩挂运输具有重要的意义。第三方物流公司在实施甩挂运输时，一方面需要整合各类中小型企业的物流资源实现物流规模效应；另一方面可以借鉴安吉物流甩挂项目的经验总结，积极思考如何获得政府相关的政策支持，如何建立甩挂项目的配套设施，如何实施甩挂项目所必备的物流标准化、信息化。

3. 安吉甩挂项目给农副产品物流发展带来的启示

随着社会生活的发展，人们对生鲜的需求量越来越高，对生鲜的新鲜度和口感的要求也越来越高。然而生鲜商品具有季节性、周期交替性和区域性等特征，一方面，生鲜商品从农户转移到最终的消费者手中要经过多次仓储和运输环节，不仅造成了大量的物流成本和时间的浪费，而且也增加了商品周转过程中的损坏风险；另一方面，车辆返回农产品基地时往往是空车返回，显然会提升运输成本。同时，与普通的快速消费品相比，生鲜商品的保鲜期相对较短，而且具有易腐烂的特性。为了满足人们日常生活的需求，需要提高冷链物流配送效率，满足高效率高质量的生活需求。因此，冷链甩挂运输应运而生：它将冷链配送与甩挂运输结合起来，将生鲜商品装在承载装置中，在承载装置内安装相应的冷藏设备，在配送过程中，承载装置就相当于一个小型冷库，即冷藏挂车，进而发挥双方优势、利弊互补。另外，实施冷链甩挂运输后，甩挂车辆在返回产地时，可以将沿途城镇及农户所购买的生鲜商品（酸奶、纯奶、海鲜等）捎带配送，进而降低空载率，节约成本。可见，实施冷链甩挂运输能带来以下好处：

（1）单位成本低，运行效率高。传统的生鲜运输采用的是常温运输，而常温运输过程中，司机要等候货车装货、卸货，这个过程需要一段时间，导致司机大半天的时间都在闲着。推行冷链物流甩挂运输后，发展为多式联运，牵引车与冷藏装置（半挂车、挂车）组合运输，运输到达目的地，牵引车卸下挂车，拉上另一个冷藏装置即可上路，这个过程节省了司机等候的时间，提高运输效率。冷链物流实行甩挂运输，能够实现生鲜冷藏运输"一车多挂""一点多挂"的运输模式，减少冷藏车辆配置数量，降低冷链采购成本。

（2）有效节约资源，创造效益。生鲜冷链物流实行甩挂运输，能为冷链企业降低冷链运输成本，包括搬运、仓储、包装和时间成本。在同一运输条件下，运输效率的高低取决于车载量、技术速度和装卸时间三个主要因素。生鲜冷链物流甩挂运输使生鲜冷链物流列车化、标准化、规模化，一方面提高车载量，另一方面提高工作效率，避免了空车行驶和空车往返的现象。

（3）创造时间效益。生鲜商品采摘冷藏后，机械化、标准化储藏于冷藏装置中，能够大大缩短车辆停驶和生鲜出库的时间，加快其周转的速度，创造时间效益。

4. 安吉甩挂项目给政府部门带来的启示

安吉物流公司在实施甩挂过程中也遇到诸多问题，如牵引车和挂车牌号不一致所导致的罚款、整个社会交通基础设施及信息化建设薄弱、缺乏协调主体来整合企业间的物资流等问题。这些对政府牵头带动甩挂运输项目的发展具有重要的启示意义，具体如下：

（1）政策法规方面。首先，根据我国机动车分类标准，牵引车和半挂车均属机动车，均应按照规定进行管理，其上牌则分为固定搭配（头尾共用1套车牌）和甩挂（头尾各用1套牌证）两种。但目前有些省份半挂车并没有纳入机动车管理范畴，使政府主管部门对半挂车的管理无法执行到位。其次，我国在车辆管理上将挂车和牵引车同等对待，挂车和牵引车适用同样的管理制度，挂车也要单独缴纳交强险，实施强制报废，同时对双挂和全挂汽车列车有诸多限制，制约了企业增购挂车的市场动力。因此，调整法规制度是发展甩挂运输的当务之急。例如：有必要抓紧修改《道路交通安全法》及《道路交通安全法实施条例》，参照国外立法实践，可增列一类"被牵引车"的补充规定及其监管原则；有必要相应修改《机动车交通事故责任强制保险条例》；等等。

（2）基础设施建设方面。目前，我国真正适合甩挂运输作业的站场不多，一方面站场数量少，另一方面已建的站场因功能所限确实难以真正发挥作用。因此，应加快以国家公路运输枢纽为龙头的运输站场建设，同时正确处理好基础性、公益性与经营性的关系，实现政府扶持与市场机制的有机结合，实现在全国范围建设适合甩挂运输作业的站场。

（3）信息技术建设方面。甩挂运输是一种精细化运营组织模式，高度依赖信息化管理手段，单纯依靠企业进行信息化建设显然不能支撑整个社会甩挂运输的需要。因此，政府应强化道路运输信息化基础建设，进一步扶持运输企业的信息化技术改造与升级，确保能有效支撑甩挂大范围运作的需要。

（4）发挥政府的协调作用方面。在企业之间缺乏信任、风险与收益互相矛盾的前提下，政府作为市场上"看得见的手"，应发挥其协调带动作用，通过信息等方面的优势，吸引各类企业的加盟合作，整合社会物流资源，优化资源配置，进而实现甩挂运输在各行业的快速发展。

五、学理分析

（一）甩挂运输实现价值增值

物流企业每进行一项作业，都要消耗一定的资源（如人力、物力和财力），同时每完成一项物流作业便会产生一定的价值。消耗资源与产生价值将随着作业的推进不断转移，最后转移到最终产品和客户手中，形成了一条物流价值链。安吉物流作为一个营利组织，实现价值链的增值是其生存和发展的目标和动力所在。通过实施甩挂项目，安吉实现了整个物流价值链的增值，具体体现在两个方面：一方面实现了自身及整个五粮液集团的价值增值；另一方面提升了客户的满意度。具体表现如下：

首先，安吉物流通过实施甩挂项目，所购买的挂车可以直接作为企业内部的流转仓库，提升了原材料、酒产品的周转率。然而在未实施甩挂项目之前，五粮液集团至少需要 50 辆车来完成原材料、酒类产品的周转，在实施甩挂项目后，五粮液集团仅需要使用 20 个车头便能完成上万吨成品及原材料的周转，极大地降低了企业内部物流成本。

其次，在过去的运输方式中，由于五粮液成品酒在市场上供不应求，安吉物流对每一件由宜宾发出的成品酒都经过了特别的防伪标识处理，并且是由宜宾直接发往客户，但客户对货物外包装和时效要求高。因此为确保客户的时效要求，不允许车辆重载返程，返程吨位为零，对返程货物要求高，故多数车辆都为空返。成品酒又多为抛货，对货位放置要求高，不得倒放横放，因此每次载重仅在 20 吨左右。然而目前通过甩挂运输以及设立区域仓，以宜宾到上海的线路为例，车辆甩下挂车，在安吉物流华东仓，由于该仓与招商物流合作，由招商物流负责组织回程货物，车辆到达华东仓之前即已经将回程货物配载完成，可以直接挂上已经集货、装载完成的重车返回宜宾，增加了收益，降低了运输成本。

最后，以往的酒产品运输过程中，车辆会将酒产品分别送至途经城市，极大地增加了运输时间。目前安吉物流甩挂运输主要是点对点的干线运输，通过将酒产品集装化的运输减少了酒产品中转和装卸的次数和运输时间，同时，通过设立各区域分仓后，区域内客户需求处理在各分仓执行，干线车辆不直发客户，进而实现了交货期整体最优化。

（二）甩挂运输是长距离运输的一种有效优化模式

目前安吉物流的甩挂运输属于长距离点对点的干线运输，车辆从宜宾发往至其他地区时，通过货物集运的方式，提高满载率。回程则以零担货物运输为主，降低运输成本。以宜宾至天津的运输为例，此线路是省际干线甩挂运输，主要货类为成品酒、服装、床上用品、家电、包装材料、快递包裹、零担等，去程主要以整车为主，回程以零担货物为主兼有部分整车运输。依托宜宾甩挂运输站场和安吉物流在天津的华北物流基地，开展省际零担甩挂运输。

例如，宜宾至天津的总里程为 2094 公里，车辆运行过程中主要是走京昆高速公路，车辆单程时间为 34 小时，车辆日工作为 16 个小时。宜宾至天津的成品酒为抛货，由于不能倒放，平均实载约为 20 吨，天津至宜宾货物为零担，平均实载约为 30 吨，2016 年该线路运量为 1.2 万吨，2017 年该线路运量为 1.4 万吨。采用甩挂运输组织模式，减少了线路两端的装卸等待时间，提高了单车的运输效率，该线路年往返次数从传统的 37 次提高到甩挂运输模式的 85 次。

六、结论

安吉物流甩挂项目的建设，具有重要的意义和启示。首先，甩挂项目的建设对于安吉物流本身的发展具有极为重要的作用，是企业经营专业化、多元化发展的必经之路，也是企业利润的增长引擎。其次，安吉物流甩挂项目的建设也是五粮液集团有限公司发展规划整体部署的重要组成部分，有利于各级政府的发展规划；有利于当地群众增加收入；有利于国家现代化物流产业发展政策的实施；有利于宜宾商贸物流的产业化、规模化；有利于提高物流效率及降低物流成本。最后，安吉物流甩挂项目实施过程中的成果及经验总结，为其他行业的物流企业实施甩挂项目提供了重要的借鉴及参考。因此，安吉物流甩挂项目的顺利实施对企业、行业及社会的发展均有重要的意义和参考价值。

四川省宜宾市兴文县林业制度
改革激发林业经营新活力

董筱丹　杨璐璐　崔芳邻　陈　璐　张　辉

一、案例研究背景

森林系统是生态系统的重要组成部分，林区生态建设与林业经济发展是践行习近平总书记"绿水青山就是金山银山"思想的重要领域。要实现"绿水青山就是金山银山"，需要正视生态文明理念在落实中面临的具体问题，探索绿水青山生态价值与经济价值的和谐统一。

四川省宜宾市兴文县2007年下半年开始实施林改试点工作，包括促进林权流转、创新林权抵押贷款和推进林业单位体制改革等。

自实施林权改革试点工作以来，兴文县根据省、市关于森林分类区划界定工作的要求，及时进行了林地区划，并将全县59.4万亩林地先后界定为生态公益林。到2008年10月30日，兴文林权改革涉及的15个乡（镇）已全面完成改革任务，乡镇的综合满意率达100%，全县的综合满意率为95.8%。236个行政村中，合格村196个，基本合格村40个，合格率为100%；全县完成深化改革面积87.91万亩，占应改革面积的98.04%；已明晰产权面积87.91万亩，占应明晰产权面积的98.04%；完成林权登记面积86.9万亩，占应登记面积的99%；已颁发林权证86045本，占应颁证的98%。①

由于在集体林权改革方面的出色成绩，兴文县被评为"全国集体林权制度改革的先进典型县""全国农民林业专业合作社示范县"，并成功创建为"四川省绿化模范县""四川省现代林业建设重点县"。

课题组对兴文县林业改革与经营创新的调研可分为三部分：第一部分是兴文县大力推行的林权抵押贷款政策，第二部分是政府推进林业供给侧改革背景下成立的油茶专业合作社，第三部分是兴文县国有林场改革的实施过程。

调研发现，这些改革创新在一定程度上探索了"绿水青山如何变成金山银山"的问题，林权改革满足了部分林农的融资需求，政府政策支持促进了林业生产经营的结构性调整，国有林场通过改革成为国家财政全额拨款的公益一类事业单位，解决了林场经济困难、职工待遇偏低的问题。

二、兴文县林权抵押贷款改革试点

林权抵押贷款是指以森林、林木的所有权（或使用权）或林地的使用权等作为抵押物向金融机构借款。可抵押物具体包括：用材林、经济林、薪炭林的林木所有权和使用权及相应林地使用权；用材林、经济林、薪炭林的采伐迹地、火烧迹地的林地使用权；国家规定可以抵押的其他森林、林木所有权、使用权和林地使用权。林权抵押贷款打破了长期以来银行贷款抵押以房地产为主的单一格局，引入了林地使用权和林木所有权这一新型抵押物，使"沉睡"的森林资源变成了可以抵押变现的资产。②

（一）改革试点经验

为推行林权抵押贷款，兴文县林业局建立了林权交易中心、森林资源

---

① http：//www. sc. cei. gov. cn/dir1009/21240. htm.
② 中国银监会. 国家林业局关于林权抵押贷款的实施意见［EB/OL］. https：//www. tuliu. com/read-41895. html，2016-09-09.

价值评估中心、森林资源收储中心等机构，并出台了《兴文县集体林权流转管理办法》《兴文县森林资源资产抵押贷款管理暂行办法》等一系列操作办法，具体过程可分为以下几个方面：

（1）确权颁证。在 2007 年下半年开始的深化林权改革工作中，兴文县及时对以往漏登、错登、重登的林权进行补登、更正和完善。具体工作中，由于林地边界不清和测量难度较大等问题，出现了农户林权办理困难的问题，但整体上的林权确权颁证工作仍在 2008 年半年内大致完成。

（2）成立林权交易中心。林地经营权流转是指在不改变林地所有权及林地用途的前提下，林权权利人将其拥有的林地经营权依法全部或部分转移给其他公民、法人及其他组织的行为。兴文县委、县政府于 2010 年组建了林权交易管理中心，负责全县集体林权流转的受理、审核、审批和办理产权证。

（3）《林地经营权流转证》① 和《经济林木（果）权证》创新试点②。兴文县从 2016 年开始试运行以上两项权证的颁证试点，2017 年，兴文县将《经济林木（果）权证》和《林地经营权流转证》纳入林权抵押贷款范围，既满足了农户的办证和贷款需求，又不违背法律，受到林农的好评。

（4）成立森林资源价值评估中心。2013 年，兴文县林业局在林权管理服务中心下设森林资源价值评估中心，对单宗合同金额 100 万元以下的林权流转和抵押贷款，由县林权管理服务中心的评估组进行评估；对 500 万元以下的，由具有丙级以上资质的森林资源调查规划设计单位进行评估，收费一般在贷款金额的 2%～5%。县林权管理服务中心的评估组由林业局

---

① 根据《兴文县林地经营权流转登记管理暂行办法》，林地经营权流转证是指县人民政府依据《中华人民共和国森林法》《中华人民共和国物权法》等有关法律法规的规定，按照有关程序，在当事人流转合同已经备案的基础上，依据林地流转双方合同约定的权利义务，对林地经营权进行确认但不进行权属变更登记，只对其流转事项进行登记造册，发放的证书不作为土地权属凭证。

② 根据《兴文县经济林木（果）权流转登记管理暂行办法》，经济林木（果）权证是指县人民政府依据《中华人民共和国森林法》《中华人民共和国物权法》的相关规定，按照有关程序，对公民、法人或其他组织在非林地上种植的经济林木（果）确认所有权或使用权，并登记造册，发放的证书。经济林木（果）权证是证明经济林木（果）所有权或使用权的有效凭证，是所有者依法经营、处置、办理林权抵押贷款、采伐、采集等事项的权益证明，但不作为土地权属证明。

工作人员组成，这些人有固定的公务员工资，因此评估中心属于非营利性服务性机构，政策规定按照贷款金额的 2% 收取评估费，但实际只收取不到 1%，且是农户得到贷款之后再收取。

（5）成立森林资源收储中心。2014 年，由政府指定兴文县国有公司——兴文县高新林业发展有限责任公司为收储机构，通过收储机构、金融机构、借款人三方签订收储协议的方式进行收储。

（6）出台林权抵押贷款管理办法和鼓励办法。兴文县在林权抵押贷款工作中，积极同县农行、信用联社等金融机构联系协调，定期对林权抵押贷款工作情况进行沟通衔接，进一步完善了《兴文县林权抵押贷款管理办法》。为了鼓励林权抵押贷款，兴文县政府于 2016 年出台《兴文县林权抵押贷款县级财政贴息资金管理暂行办法》，具体规定如专栏 1 所示。

专栏 1　《兴文县林权抵押贷款县级财政贴息资金管理暂行办法》节选

第二章　贴息对象与贴息范围

第四条　县级财政对符合以下条件之一的林权抵押贷款予以贴息：

（一）一般林权抵押贷款

集体和个人所有的森林、林木和林地的所有权和使用权，由县级以上政府核发《林权证》，并参加森林保险，将林权抵押贷款用于发展林业产业。

（二）经济林木（果）权抵押贷款

对农民、业主在非林地上已经营造的花卉苗木、方竹、柑橘、核桃等特色经果林和竹林、工业原料林，取得县政府核发的《经济林木（果）权证》，并参加森林保险，将经济林木（果）权抵押贷款用于发展林业产业。

（三）林地经营权流转抵押贷款

农村集体和个人依法承包经营的商品林地，公益林中的柑橘、核桃、竹林以租赁、转包、入股等方式流转，取得县政府向流入方核发的

《林地经营权流转证》，并参加森林保险，将林地经营权流转权抵押贷款用于发展林业产业。

（四）村级互助担保合作社担保贷款

村民以林权、经济林木（果）权、林地经营权流转权等作价入股村级互助担保合作社，入社林农营造林小额担保贷款。

第三章　贴息率与贴息期限

第五条　符合本办法规定条件的林权抵押贷款，县级财政按照中国人民银行公告的同期同档次基准利率标准50%贴息，同一个项目只贴息一次。

第六条　林权抵押贷款期限3年以上（含3年）的，贴息期限为3年；林权贷款期限不足3年的，按实际贷款期限贴息。

资料来源：《兴文县林权抵押贷款县级财政贴息资金管理暂行办法》。

截至2018年10月，该项改革试点的实际开展情况是：

2016年底，在林业局办理的流转登记合计20832.45亩，1214.4725万元。2018年共登记土地流转100宗左右。

2016～2018年，共颁发林地经营权流转证4本、经济林木（果）权证8本。

森林资源价值评估中心2016年共评估10宗；2017年共评估4宗。

森林资源收储机构共收储2笔贷款。

到2018年，兴文县林权抵押贷款金额达到5600余万元，其中2017年和2018年共贷款1000多万，在一定程度上解决了林业发展的资金瓶颈问题。

鼓励政策落实方面，2016年9月～2017年12月县财政共贴息23.776万元。

（二）借鉴与启示意义

在金融全球化条件下，如何弱化金融追求流动性获利与林木生态价值和经济收益长期化之间的矛盾，是贯彻习总书记"绿水青山就是金山银山"思想的一个重要挑战。

现代金融体系是一个经济体中资金流动的基本框架，它是资金流动的工具（金融资产）、市场参与者（中介机构）和交易方式（市场）等各金融要素构成的综合体，同时，由于金融活动具有很强的外部性，在一定程度上可以视为准公共产品。

Santomero（1984）研究认为，金融中介不会因为市场上有大量潜在的借方和贷方就自动出现，而是必须先行支付固定成本，并且在建立信誉之后，才能够为借贷双方所选择。① 先行支付的行为决定了金融中介进入市场的目的在于追求回报，而能够做出这个进入决策说明它对于市场前景有着稳定的良好预期。

现代金融体系对促进各种现代产业的发展发挥了重要作用，但它和现代农业之间却存在着与生俱来的难以对接的问题。农业通常被视为弱质产业，主要原因有：第一，恩格尔定律表明，国民对食品需求的增长落后于其他产业；第二，农业生产对象不仅在生产期内受气候影响大，而且保存起来也比较困难，存在较大的自然风险和市场风险；第三，特定的生产周期和生物属性限制了农业劳动生产率的提高；第四，农业因生产性资金缺口而提出的信用需求必然具有季节性、长期性、风险性和零散小额等特点。因此，即使只是维持简单再生产，农业信贷所固有的风险高、收益低、成本高、资金周转慢等属性，也注定了农村需要特殊的金融制度安排。②

在以小农业生产者为主的东亚，现代金融和农民之间的对接尤其困难。中国农户平均经营规模微小。国家统计局数据表明，截至 2012 年，中国农村居民家庭经营耕地面积仅为 2.34 亩/人，几乎是世界上经营规模最小的单位。在以下五个方面不能满足现代金融体系提供金融服务的要求③：

① Santomero A M. Modeling the Banking Firm：A Survey［J］. Journal of Money Credit & Banking，1984，16（4）：576-602.

② 王芳. 我国农村金融需求与农村金融制度：一个理论框架［J］. 金融研究，2005（4）：89-98.

③ 参见《三农金融与机制创新》，温铁军教授于 2018 年 7 月 19 日在中国普惠金融高峰论坛的发言。

第一，押品缺失。商业银行利用技术手段来防范风险，主要的技术手段之一就是抵押品（当然还有贷中监督、贷前审查等手段，但是最主要的是抵押品），而对于农户贷款而言，其最典型的特点就是押品缺失，押品缺失的前提是因为抵押品大部分不是完全作为生产资料存在的。比如耕地，按联合国规定，耕地对人口的生存保障线是人均0.8亩，而在像贵州、江苏、四川这样的省份人均耕地面积都低于这个数值。所以按照联合国的规定，在人均耕地面积低于0.8亩的情况下，耕地只具有对生存的保障作用，而不具有生产资料的功能，因而其作为抵押品的功能也趋零。

第二，信息搜寻成本太高。农户是分散性和兼业化的。到目前为止，在农村中从事农业生产的农户仍然是占比高达70%的"一兼户"（种、养兼业）和"二兼户"（多元兼业），其中种养兼业占绝对比重，其他兼业占相对比重，但总体占比仍然高达70%。在这种情况下，得到完整准确的农户借贷信息是非常困难的。银行信息搜寻成本远高于贷款所得的利息收入，因此导致农户借贷的不经济。

第三，金融资本追求流动性获利。金融资本一旦变成独立的资本力量，必然以追求流动性获利为主要的动力机制，它派生的就是短期性和集中性，即越是短期的大规模的投贷，越能使银行得到流动性获利的机制性收益。这是由金融资本自身的性质决定的，其导致的结果是：大型商业银行作为金融资本，无法为长周期的、分散小额的、回报率低的农业提供商业性信贷服务。

第四，农业本身面临多重风险叠加。商业银行过去一般仅仅考虑农业的风险是自然风险与经济风险的叠加，其实农业的风险是多重的，很可能会出现自然风险、经济风险、政治风险、社会风险多重风险在同一个点上爆发叠加的现象，也可能是由一场自然灾害导致其他风险被相继引发，而商业银行防范风险的技术手段无法覆盖每一重风险。

第五，县域经济普遍高负债导致治理乱象。县、乡、村三级普遍出现高负债，在高负债条件下的借贷行为，往往是以新借贷所产生的资金来偿付旧贷的利息，以使旧贷转新贷，防止债务危机爆发，因此不具有借贷经营的特点，而具有借贷还债的特点。甚至不惜以占有资源交易成资金（无论资金来源于哪里，只要能让资源变现以解燃眉之急）的方式进行，所以每到年底或年初等资金最紧张的时候，因为大量的旧债需要新鲜的资金（Fresh Money）来偿付旧贷的利息，而旧贷是越滚越大的，资金需求量就越来越大，这部分资金需求绝对不是生产性质的，不产生收益是不可能被偿还的，最终演化成陈贷或坏账。

以上五方面涉及贷款审核、发放、回收等各个环节。从整个银行放贷的流程来看，现代银行体系和小农的农业生产都无法匹配。根据交易成本理论，当交易成本高到一定程度时，会使交易无法发生。这就是现代金融想要服务三农时必然要面对的"交易费用陷阱"。

对于上述矛盾，很多人提出"消灭小农户，发展大农户"的思路。但这种观点显然是基于美澳等殖民地大农场的经验，其连欧盟的基本经验都不能覆盖，遑论有着十几亿人口从而人地关系高度紧张的中国！目前，中国小农户耕种的自家承包地和流入农户承包地合同面积共计11.8亿亩，占家庭承包经营耕地合同面积的86.1%，仍承担着我国大部分粮食生产和主要农产品供给任务；从发展趋势看，在未来20~30年，虽然小农数量和规模会不断变化，结构将继续演变，但小农依然是我国农业农村发展最重要的基础力量，小农现象将长期存在。① 因此，如何实现小农户与现代农业发展有机衔接，就成为一个亟待解决的问题。

相比于一般的农业生产经营，在南方山区，现代金融体系与林农之间的"错配"更加严重。第一，林业都在山区，山区的自然条件更加复杂，更难以用标准化的框架获得贷款户的信息，衡量贷款户的投入产出；第二，林业的生产周期更长，需要的初始资金投入量大，资金周转所需时间长，银行大多以一年作为一个贷款周期，但是林业一般要十几年甚至几十年才能完成一个周期；第三，林业经营受政策影响比较大。林业发展和生态效用有关，因此国家关于生态保护的政策往往会对林业的效益形成一定的影响。比如，经济林被划为公益林之后林农就不能砍伐。这几点使现代

① 张红宇. 实现小农户和现代农业发展有机衔接 [J]. 中国乡村发现，2018（3）：56-59.

金融体系与林农之间的"错配"更加严重。

在这个宏观背景下，兴文县通过林权改革克服小农林业生产经营与现代金融体系之间的制度错配问题，在克服押品缺失、降低信息搜寻成本等方面进行了可贵的经验探索，对林地进行确权颁证，允许林权证抵押、评估和贷款，从而提高小农户的信贷可得性等做法，具有重要的创新意义。

林权改革在促进现代林业市场发育等方面也取得了比较明显的成效。比如，调研得知，以前来林业局办理流转登记的主要为林业经营大户，很多林农在林地流转时并不向林业局备案，而是相互之间私下达成协议。现在很多林农也慢慢开始来林业局办理流转登记，可见，通过成立林权交易中心，促进了林权经营流转，进而使林权价值显化，为后续建立与现代金融系统和市场体系的对接关系奠定了良好的基础。

（三）完善建议

根据调研，目前兴文县林权抵押贷款主要存在以下几个方面的问题：

（1）评估资质有待提高。目前林木价值的评估大多由县林权管理服务中心的评估小组承担。一般正规的评估机构需要至少两个人有评估资质，但现在的评估组只有一人拥有评估资质，因此不具有正式的评估资格，其评估结果是林地调查报告，并不是评估报告，被银行的接受程度有待提高。然而商业评估机构虽然银行认可度更高，但收费偏高，约为贷款金额的2%~5%，对贷款户来说负担很重。

（2）仍然存在一些手续脱节问题。一是有些相邻地块的界线不清，承包人和农户之间有纠纷。二是林权证上的图纸与不动产登记中心的卫星图不一致，难以办理不动产权证，从而影响林权抵押申请。《关于林权抵押贷款的实施意见》规定，银行业金融机构不应接受未依法办理林权登记、权属不清或存在争议的森林、林木和林地作为抵押财产，也不应接受国家规定不得抵押的其他财产作为抵押财产。

（3）林业资源由于政策原因难以变现影响林权改革效果。根据访谈，兴文县森林资源的变现难主要体现在以下五个方面：①砍伐难，需要办理砍伐证。②如果存在林权边界纠纷，难以实施砍伐，有时候农户不让经过自家山地。③受到天保工程影响，很多商品林划到公益林，直接剥夺了林权证的抵押资质。按照中国银监会和国家林业局共同发布的《关于林权抵押贷款的实施意见》规定，银行业金融机构不应接受无法处置变现的林权作为抵押财产，包括水源涵养林、水土保持林、防风固沙林、农田和牧场防护林、护岸林、护路林等防护林所有权、使用权及相应的林地使用权，以及国防林、实验林、母树林、环境保护林、风景林，名胜古迹和革命纪念地的林木，自然保护区的森林等特种用途林所有权、使用权及相应的林地使用权。④林地林木资产流动性差，市场交易频次低，对于银行可以处置的林权很少有村集体或农户接盘。⑤有时运输林木出来需要先修路，要是先用小车再转大车运输，则劳动力成本高。

（4）现有金融产品不能满足林业经营需求，需要结合林业资源特性开发针对性产品。一是现有的业务模式和产品体系，如在绩效评价、资源配置及信贷授权等方面难以适应林权抵押贷款客户的需求，而且抵押率偏低，部分地方仅为30%。二是贷款期限不匹配林业生产周期的需要，如云南林权抵押贷款期限最长为5年，而林木一般都需要10年甚至更长时间才能成材。

上述这些问题最终反映在林业局登记的还款情况中。从登记情况看，林权抵押贷款到期后选择了转贷或未还的接近半数，但林业局工作人员介绍说，这些登记为"未还"的贷款并不是都没还，而是贷款到期应该先注销林权登记，但很多人没来注销；还有部分贷款户未能按时还款是因为自家的林地被划为公益林，从而失去抵押资质，今后也无法砍伐变现。然而他们获得的国家对于公益林的补贴仅为每亩14.75元，远不能弥补农户的经济损失。这就成为保护生态和农民增收之间的一个矛盾。

对于以上问题，课题组认为，兴文县目前推行的各种创新是由各个政府机构制定和实施的，在做法上还具有城市本位的惯性，而其面对的对象是广大农村中的林农，所以政府主体和林农交易成本高的问题依然存在；此外，林权抵押中存在的比如边界不清等问题，其实还是属于银行和小农户之间信息难以对称的问题，现有的制度创新仍然未能解决这一难题。因此，兴文县应在引入林权认证、林权抵押、森林资源收储等创新的基础上，通过进一步深化改革完善林权改革，解决政府与林农、银行与林农之间的交易成本难题。

课题组认为，可以通过组织创新、促进交易主体之间的内部化来解决现代金融体系和农业生产之间的错配。针对押品缺失问题，马九杰和沈杰曾经提出"押品替代"理论，即当小农无法满足银行以抵押品来获得信贷条件的时候，农村中应当推出组织创新和制度创新来形成抵押品的替代。[①] 这个理论的基础是制度经济学的交易成本理论。科斯定理认为，当市场的交易成本高到使交易无法进行的时候，就需要推出"反市场"的组织安排，从这个意义上讲，企业是反市场的组织安排[②]；在此基础上，诺斯、张五常等人认为，如果交易主体形成内部一体化的框架，则交易成本是伪问题[③]，也就意味着交易成本问题可以通过组织创新来解决。

具体来说，在农村工作中，要利用我国传统农区历史上具有的人缘、地缘等社会资源和近现代长期推进基层建设过程中积累的潜在组织资源，推进社会资源和组织资源的"资本化"，作为抵押品替代的组织基础，如联保贷款、农民合作社、资金互助社等，具体机制是通过信用共同体、合作经济组织、资金互助组织等形式，提高农村金融需求主体的规模化程度，实现规模经济。其作用机理是：通过组织化可以从供给和需求两个方面降低交易成本，缓解因信息问题导致逆向选择和道德风险，这个过程中组织信用资源替代了实物抵押品的作用；另外，这种形式的担保替代，利用了组织成员之间相互熟悉的优势，克服了一般纯粹担保机构面临的信息获取难问题。[④]

---

①② 马九杰，沈杰. 中国农村金融排斥态势与金融普惠策略分析 [J]. 农村金融研究，2010 (5)：5-10.

② Coase, Ronald Harry. The nature of the firm [J]. Economica, 1937, 4 (16)：386-340.

③ 诺思. 制度、制度变迁与经济绩效 [M]. 上海：上海人民出版社，2014.

三、林业的供给侧结构改革：Q油茶专业合作社

（一）成立背景与基本情况

从2015年开始，兴文县就号召全县发展油茶产业，并为此出台三大举措：一是科学统筹规划。以贫困村、交通干道、风景名胜区等地域范围为重点，集中打造产业示范片。二是拓宽融资渠道。制定《改革创新项目资金整合机制的实施意见》，整合各类项目资金2300余万元。三是创新发展模式。采取"村组集体以管理服务入股、农民以土地折算资本入股、公司以资金入股"的新模式，按入股比例分红。在经营方式上，兴文县推广"林药""林菌""林禽"等立体种养模式，增加林地综合利用价值。

Q油茶专业合作社正是在该背景下成立的。Q油茶专业合作社地处麒麟苗族乡S村，位于石海洞乡旅游干线上，离宜叙高速兴文互通5公里，具有得天独厚的资源优势和地理优势。这里土壤和气候适宜油茶生长，为发展油茶种植提供了有利条件。

合作社的发起人L，2009年毕业于四川农业大学，毕业后进入一家园艺公司工作，同时流转村里的50亩土地经营苗圃。2015年，兴文县政府推出鼓励发展油茶产业的政策，L决定返乡创业，并注册兴文县S园林绿化有限责任公司，公司主要从事绿化工程，年营业额50万左右。同年，L以S园林公司为主要发起人成立兴文县Q油茶专业合作社。

合作社于2015年10月正式挂牌，注册资金500万元，成立时入社成员106户，其中贫困人口50人，主要为S村村民。目前，合作社已建成油茶种植基地2100亩，完成油茶炼苗圃一个30亩，原生油茶母树林地60亩的建设。[①]

---

① Q油茶专业合作社简介。

（二）资本结构

公司采用"三级融资"模式，农民以土地折算资本入股，按照投产前5年的收益进行折算，每亩土地折算1500元；村集体以管理服务入股；S园林绿化有限责任公司以资金入股。从实际入股情况看，农户有的用几十亩、上百亩的土地入股。

根据兴文县工商局提供的内资企业登记基本情况表，其股权结构如表1所示。访谈显示最后的100个村民以土地实物入股，但登记表上仍然写的是"现金"的出资形式。

表1　Q油茶专业合作社企业基本情况登记　　　　单位：万元

成员	出资额	出资形式
S园林绿化有限责任公司	300	现金
村民1	50	现金
村民2	12	现金
村民3	13	现金
村民4	13	现金
村民5	12	现金
其他100个村民	100（每人1万元）	现金

资料来源：兴文县工商局。

（三）主营业务

由于苗木还未进入盛果期，目前合作社的主营业务有：

（1）良种油茶苗木育种、销售。30亩苗圃地年出油茶苗100万余株，所培育的油茶苗木畅销全县15个乡镇以及周边县。[1]

（2）油茶良种选育推广。合作社拥有兴文县目前规模最大的油茶苗木繁育基地，并且拥有一批培育良种油茶苗的专业技术人员及管理人员。[2]

----

[1][2]　Q油茶专业合作社简介。

（3）林下经济。2017年合作社在林下种植了黑花生、黑大豆，并养殖土鸡和鹅等，但由于基地面积大，不方便管理，导致经济效益低。

（四）政府支持

作为兴文县大力推广的油茶产业的领头人，Q油茶合作社获得了大量的政策支持，尤其是在基础设施方面，基本是政府和企业对半负担成本（见表2）。根据社长L介绍，合作社获得的所有贷款和补贴都将用于合作社的再投资，不直接对社员做分配。

表2　合作社获得的政府支持汇总表

项目分类	项目内容	项目金额	自付资金	时间	所属部门
基础设施	油茶基地5米宽的碎石路，长1.5公里，补贴8万元/公里，自付8万元/公里	12万元	12万元	2018年	兴文县林业局
	2米宽的产业路，长2公里，补贴17万元/公里，自付21万元/公里	34万元	42万元	2017~2018年	农工委
	1米宽的路，长1公里，补贴5万元/公里，自付6.5万元/公里	5万元	6.5万元	2017~2018年	农工委
免息贷款	返乡青年创业6万元免息贷款	6万元，分2年发放	—	2017~2018年	人社局
低息贷款	邮政银行贷款15万元，利率为5.08%	15万元，分2年发放	—	2017~2018年	邮政银行
资金补贴	"三项示范"补贴	40万元，分3年发放		2018~2020年	县政府
	植被恢复补贴	40万元，分2年发放		2015~2016年	兴文县林业局

资料来源：课题组根据与负责人L的访谈整理。

（五）收益分配

1. 合作社收入分配

土地入股协议规定：凡入社土地上种、养所得收入，农民均参与盈余分配，盈余分配每年集中分配一次。全部收入均摊到每亩，每亩收入分配为：村组管理土地协调费占5%，农民土地入股占45%，合作社投资回报占50%。所有的成本由合作社承担，如果合作社分得的占毛收入一半的投资回报不能覆盖成本，则合作社亏损。

分红的时候，三部分收益共同发放，没有先后顺序。例如，假设销售额为100元，则农民分得45元，集体分得5元，合作社分得50元；如果成本为50元，合作社的收入刚好抵补成本，收益为0元；如果成本为60元，农民和集体的分配仍然不变，合作社扣除成本后需要倒贴10元。

合作社的油茶产业目前尚处于投入期，没有盈利，因此油茶方面尚未开始分红。但通过发展林下经济，合作社2017年一共收入十多万元，社员人均获得分红1010元。

2. 就业收入

土地入股流转合作协议规定：合作社组织社员进行生产劳动，合作社付给社员劳动报酬，社员服从合作社管理。由合作社承担种植（种苗、种子）、除草、施肥、施药、修剪管护等费用。合作社组织社员对油茶果实进行采收，采用投工投劳制，采收所发生的费用均摊到每亩地中，由社员支付，并由合作社代扣代支。社员工作期间，每天上班9小时，午饭自理，合作社进行上下班考勤。男工工资90元/天，女工工资70元/天。①

根据发起人L介绍，目前在合作社打工的村民有40人，2017年合作社发放工资46万元，单个农民的年工资在8000~16000元。农民主要是做除草、施肥等工作，全年工作天数200~230天，夏季可以工作两个月。由于合作社的工作如除草等普遍劳动强度不大，因此，对于工人的年龄没有

---

① Q油茶专合社土地入股流转合作协议。

很大限制，只要村民能够胜任，合作社就愿意招收。这点得到了很多老人的欢迎，因为这部分群体在大部分情况下被排除在非农劳动力市场之外。

（六）借鉴与启示意义

这个合作社有几个重要机制，都是近年来中央大力强调的：允许农民以实物等多种方式入股，提高农民财产性收入。通过以实物入股的方式集中土地，油茶规模种植的土地流转和租赁成本得到了极大降低；从收益分配看，经营风险主要由现金出资较多的发起人来承担，农户和村集体凭借土地使用权和所有权获取相对稳定的收益；对集体5%的分红有助于发挥基层组织的积极性，降低主要投资人与农民之间的交易成本，并为集体提供一定的经济收入。尽管从风险和收益的配置看，这个合作社在性质上更接近一个承担风险获得收益的个体创业性质的私营企业，但由于农户和经营者的主要诉求都得到了满足，农户以土地入股加入合作社，比单纯强调现金入股更符合农民现金少而资源型资产相对充实的财产结构，因此合作社的治理结构能够保持相对稳定。

这些机制创新的重要性需要放到农村的整体情况下去理解。

近代一百多年以来，乡村长期面临着两个基本矛盾：一是在国家追求工业化资本原始积累和产业扩张的制度导向下，农村剩余被城市过量提取，导致城乡差距加大，"三农"问题日益严峻；二是政府为了从分散小农为主体的农村提取剩余而在基层形成了"对上代理型"治理结构，与乡村"自我稳定机制"所需要的治理方式刚好相反，村社的自我治理和风险内部化功能受到极大削弱。在这两个长期制约乡村治理的基本矛盾下，由于乡村资源收益往往只够满足少数精英群体的需求，导致任何普惠制的或体现"群众路线"性质的制度变迁都难以在乡土社会内部发育和维持。[①]

周立（2007）研究认为当前农民在生产和生活上整体表现为有组织的不负责任，究其原因，一方面是个体化的农户缺乏合作博弈的条件，因而

---

① 董筱丹，梁汉民，区吉民等. 乡村治理与国家安全的相关问题研究——新经济社会学理论视角的结构分析 [J]. 国家行政学院学报，2015（2）：79-84.

陷入"个体理性导致集体非理性"的"囚徒困境"。虽然合作能够减少农民与市场、政府之间的交易费用，带来分工、协调、外部性内部化等收益。但是为了形成合作组织以及维持合作组织的良好发展则面临着较高的交易成本。然而中国长期以来忽视基层组织建设，导致个体创业者很难支付真正合作社的组织成本。

另一方面，由于农民位于村庄内部，村民之间的频繁接触使在熟人社会的网络中每个人都能较好地了解其他人的个性和品质，并能对其他人的行为预期做出准确的判断（贺雪峰，2004）。因此考虑在没有外部因素影响的条件下，社区成员是否参加合作组织将会受到其他成员的影响，而参与合作的农户人数增加将有可能降低分工、协调、资产设备等的成本。

基于以上两方面，可构建当事人的非标准效用函数，分析何种条件下农户更有可能形成合作。

假设当事人的非标准效用函数为：

$$U_i, (S_i, S_j) = m_i(S_i, S_j) - a_i X_N(S_i)$$

式中，(S_i, S_j) 属于 $\{P, DP\}$，是博弈方 i 和 j 的行动策略，P 表示参与，DP 表示不参与，$m_i(S_i, S_j)$ 表示博弈方 i 所获得的物质得益，$X_N(S_i)$ 是一组指数函数。

$$X_N(S_i) = 1, \text{ if } S_i = DP; \quad X_N(S_i) = 0, \text{ if } S_i = P$$

当合作成本降低而收益提高时，村民参与合作的意愿会提高，这乃是基于理性经济人假说而得出的常识性判断。将此模型置于发展中国家普遍具有的城乡二元结构中，就不难理解为什么农民难以形成合作，因为农民的合作收益受制于城乡二元结构难以显著提高。因此，只有通过政府"看得见的手"进行外部资源注入，提高农民参与合作的收益预期，才能吸引更多农户加入到合作中来；只有合作组织内部化地处理其对小农户的生产生活监督、制约的交易成本，国家与基层社会之间才能克服信息不对称难题，进而形成可以交易和谈判的条件，由此构建和强化国家安全战略与农户个体行为之间的关联。

因此，虽然从股权结构和收益分配来看，还可以进一步通过制度改善来充分体现国家补贴的撬动作用，但由于近40年来农村基层组织长期以来忽视建设，个体创业者很难支付真正合作社的组织成本；制度性地破解这一难题需要国家从总体上进行创新性的制度供给。

在具体政策思路上，课题组提出了"三级市场"的制度设计。[①] 农村基层通过组织创新提高农民组织化程度，解决的是"一级市场"的任务，即通过内部化制度安排来降低农村中资源集聚的交易成本。当村庄想要引入发展项目的时候，就需要引入"二级市场"，由外部的投资主体和代表农村整体利益的村集体经济组织等来对接，而不是和个别的农户一对一地对接。此外，还要引入"三级市场"的制度设计。这是因为：第一，林业的收益很大程度上是生态效益，生态效益很难通过一般的产品销售以及林下养鸡等完全实现，这意味着林业内在的生态服务、林业增值等价值并没有完全体现出来，所以要引入三级市场，也就是资本市场，通过产权交易体现出林业的这些价值。林业的生态价值可以通过碳交易来体现。第二，林木只要存活，就每时每刻都在生长，如果可以通过引入资本市场，解决林木生产和资金沉淀流转之间的矛盾，那林业经营的投资收益也可以实现快速变现。比如，红木家具大家都知道很珍贵，但一棵黄花梨树成材要85年，投资周期非常长，要是大家都追求在可见年份内获得收益，几乎没有人愿意投资。如何进行制度创新呢？比如，十年之后的黄花梨树，胸径已经长到一定的大小了，这时候虽然不能砍伐，但不代表没有价值或不能交易，完全可以通过引进资本市场创新让它的价值活化出来，活化林木沉淀的商业价值和生态价值。

这个三级市场的创新工作该由谁来做呢？这需要结合下一个案例分析来回答。

---

① 温铁军，罗士轩，董筱丹，刘亚慧. 乡村振兴背景下生态资源价值实现形式的创新［J］. 中国软科学，2018，336（12）：6-12.

四、兴文县国有林场改革

"十一五""十二五"期间，兴文县国有林场近90%的经营面积被划为公益林，林场逐渐失去采伐收益，职工贫困化问题十分突出。在此背景下，2015年3月，当中共中央、国务院印发《国有林场改革方案》时，林场职工均表示愿意改革。2017年3月，兴文县委、县政府出台《兴文县国有林场改革实施方案》，林场根据实施方案开展改革：一是科学设定机构编制，妥善分流安置职工。二是转换林场管理机制，加强森林资源监管。推进政事分开，落实国有林场法人自主权，实行场长负责制。改革后的兴文县林场被界定为公益一类事业单位，由国家财政全额拨款，以保护和培育森林资源为主要任务，不再从事经营性工作。

从积极作用来看，国有林场通过改制，职工待遇得到明显的提升，办公条件得到改善，也有利于更好地完成培育保护森林资源的任务。但是，完成改制只意味着政府的工作完成了一半，因为这只是解决林场经济困难的矛盾，而现代金融体系与林业生产之间的错配的难题还没有得到根本解决。

（一）林场基本情况

林场始建于1958年，原名是国有兴文县先锋林场，2002年更名为兴文县林场。林场在1986年以前是财政全供的事业单位，在1986年以后确定为自收自支、企业化管理的事业单位，2014年确定为公益性二类事业单位。林场设有场部，下设6个工区，实行两级管理，即场部、工区管理。场部设在兴文县英王山镇北街，场部设有场长办、行政办、财务、业务。工区设有大石包工区、大坝工区、赵家坪工区、大草坪工区、大璜厂工区、大地方工区。

兴文县林场林区地理位置较高，海拔在800~1300米，每个林区（工区）面积有1200~5700亩，是一个天然的防风、固沙、蓄水屏障。林区内有多条常年不断水的小溪流，建有一个水库专供发电的阶梯型发电站，3个电站用水发电。林区周边直接受益的有 27 个自然村，56 个组，解决8000 余人的饮水问题，灌溉了万亩农田。

兴文县林场地处长江上游（江河两岸、江河源头）万里长江第一城宜宾市辖区范围内，属于国家重点公益林区、长江防护林体系建设实施区域、天然林资源重点保护工程区域、特种用途林区域、石漠化和水土流失严重区域，是林业基础科研单位和科研示范基地，生态区位非常重要。

兴文县林场现有职工 111 人，其中在职 41 人，退休职工 70 人（全额社保）。在职职工的年龄结构和工资职级情况如表 3 和表 4 所示。

表 3   兴文县林场在职职工年龄结构情况   单位：人

年龄结构	男	女	小计
35~39 岁	4	0	4
40~44 岁	4	3	7
45~49 岁	10	5	15
50~54 岁	12	0	12
55~59 岁	3	0	3
合计	33	8	41

资料来源：兴文县林场。

表 4   兴文县林场在职职工工资职级情况   单位：人

年龄结构	管理 9 级	专技 12 级	技工 2 级	技工 3 级	技工 4 级	技工 5 级	小计
35~39 岁	0	0	0	0	2	2	4
40~44 岁	0	0	0	1	4	2	7
45~49 岁	2	2	0	3	7	1	15
50~54 岁	0	0	2	5	3	2	12
55~59 岁	0	0	1	1	0	1	3
合计	2	2	3	10	16	8	41

资料来源：兴文县林场。

兴文县林场肩负着全县国有森林的培育管理和保护工作，林场经营总面积 29400 亩。其中：有林地面积 26204 亩，灌木林地 2692 亩，非林业用地 504 亩，森林覆盖率 98.3%，森林蓄积 104800 立方米，楠竹 39.6 万株。其中：公益林 26312.1 亩（其中国家级公益林 26212.07 亩），占 89.5%；商品林 2583.9 亩，占 8.8%；非林业用地 504 亩，占 1.7%。兴文县林场林区主要分布在全县 6 个乡镇，大石包工区 1467 亩，地处樊王山镇楠星、博望村、三合村；大坝工区 2133 亩，地处大坝苗族乡芭茅湾村、石家沟村、四新村；赵家坪工区 2667.5 亩，地处毓秀苗族乡、九丝城锋苗族乡涉及 1 个行政村；大草坪工区 6166.5 亩，地处樊王山镇、石海集山镇、长宁梅硐镇；大璜厂工区 7743 亩，地处先锋苗族乡、长宁梅硐镇。兴文县 2012～2017 年的各类森林、林木面积、蓄积和株数情况如表 5 和表 6 所示。

表 5　2012～2016 年兴文县林地面积台账　　　　单位：公顷,%

年份	土地总面积	林地面积	有林地面积	特灌林面积	森林覆盖率
2012	137901	70680	63473	1023	46.77
2013	137901	71428	64242	1023	47.33
2014	137901	72013	64933	1023	47.83
2015	137901	73027	65211	1023	48.03
2016	137901	73927	68217	1023	50.21
2017	137901	73927	70893	1023	51.39

资料来源：兴文县林业局。

2015 年林场的财务情况为：

收入。2015 年兴文县林场木材销售收入 106.7 万元，其他收入 4 万元，上级补贴收入 87.4 万元，共计收入 202.5 万元。

支出。职工工资支出 57 万元，营林生产支出 77 万元，社会保险金支出 58 万元，基础建设 17.6 万元，采伐管理、差旅等支出 14 万元，共计支出 223.6 万元。

表6 兴文县国有林场各类森林、林木面积、蓄积和株数登记台账

单位：公顷、立方米、株

登记时间	森林类别	活立木蓄积	面积合计	有林地 乔木林地 小计 面积	有林地 乔木林地 小计 蓄积	有林地 乔木林地 纯林 面积	有林地 乔木林地 纯林 蓄积	有林地 乔木林地 混交体 面积	有林地 乔木林地 混交体 蓄积	有林地 竹林 面积	有林地 竹林 株数	疏林 面积	疏林 蓄积	四旁 四旁树 株数	四旁 四旁树 蓄积	四旁 经济树 株数	四旁 竹 株数	散生 散生木 株数	散生 散生木 面积	散生 经济树 株数	散生 竹 株数
2016年	合计	33449.8	1755.7	925.66	32454	921.6	32077	4.1	377	830	37313072	0	0	0	0	0	0	49786	995.8	0	567406
	公益林	29711.8	1683.42	866.1	28723	862	28346	4.1	377	817.3	36844820	0	0	0	0	0	0	49540	995.8	0	567046
	商品林	3737.99	72.28	59.56	3731	59.56	3731	0	0	12.72	468252	0	0	0	0	0	0	246	7.6	0	360
2017年	合计	41170.4	1755.7	925.66	40167	921.6	39782	4.1	385	830	37327068	0	0	0	0	0	0	49786	1003.4	0	569010
	公益林	36722.8	1683.42	866.1	35727	862	35342	4.1	385	817.3	36855000	0	0	0	0	0	0	49540	995.8	0	568500
	商品林	4447.6	72.28	59.56	4440	59.56	4440	0	0	12.72	472068	0	0	0	0	0	0	246	7.6	0	510
增长减少情况	合计	7720.65	0	0	7713	0	7705	0	8	0	13996	0	0	0	0	0	0	0	7.6	0	1604
2018年	合计																				
增长减少情况	公益林																				
	商品林																				
2019年	合计																				
增长减少情况	公益林																				
	商品林																				
2020年	合计																				
增长减少情况	公益林																				
	商品林																				

职工收入情况。在岗职工每人平均工资收入 2.5 万元/年（占职工档案工资的 65%）；承包竹、在职职工每人平均工资收入 2 万元/年。

(二) 改革背景

1986~2010 年，林场收入主要靠采伐木材，2011 年实施二期天保工程以来林场经营面积中有 23678.53 亩被确定为国家级公益林，占经营总面积的 80.5%。"十二五"规划取消了林场自用材计划，只有商品材年采伐计划 2926 立方米蓄积，致使林场采伐计划锐减，收入降低。"十二五"规划期间，实施森林经营区划编制，四川省林业厅确定林场公益林面积是26312.1 亩，占经营总面积的 89.5%。"十三五"规划中，四川省林业厅基本取消林场商品材采伐计划，这使林场彻底失去商品材采伐销售收入。当时兴文县国有林场森林管护面积 29400 亩，林场职工 47 人，退休职工 71人，职工生活压力很大。而且村级公路建设、国家电网改造、低保等惠民政策不涉及国有林场，也没有明确的投资渠道来解决森林的培育管理和保护工作及职工工资等。由于缺乏正常稳定的经费来源，林场发展陷入困境，政策边缘化、职工贫困化问题十分突出。从表 7 中也可以看出，2016年国有林场的利润是亏损 20 余万元。

表 7 2016 年兴文县林场利润表

单位名称：兴文县林场　　　　　　2016 年 12 月　　　　　　单位：元

项目	本年累计金额	本月金额
一、主营业收入	103852.00	
减：1. 营业成本	215032.00	187825.00
2. 营业费用		
3. 营业税金及附加	587.83	
4. 育林及维简费		
二、主营业务利润		
加：其他业务利润		

项目	本年累计金额	本月金额
减：1. 管理费用	388285.36	74111.36
2. 财务费用	565.00	180.00
加：利息费用（收入以"-"号填列）	-3456.69	-740.33
三、营业利润（亏损以"-"号填列）	-497161.50	-261376.03
加：1. 营业外收入	76463.80	35963.80
2. 投资收益		
3. 承包户上交净收入		
4. 补贴收入		
减：1. 营业外支出		
2. 税收滞纳金		
四、利润总额（亏损总额以"-"号填列）	-420697.70	-225412.23
减：所得税费用		
五、净利润（净亏损以"-"号填列）	-420697.70	-225412.23

在此背景下，2015 年 3 月，当中共中央、国务院印发《国有林场改革方案》和《国有林区改革指导意见》时，兴文县国有林场就开始收集林场职工的思想动态，职工们均表示愿意改革。

（三）改革过程及成果

2015 年 8 月，四川省人民政府办公厅出台《关于成立四川省国有林场林区改革领导小组》的通知。兴文县也顺应成立了林场改革小组，由县长担任组长。2015 年 12 月，兴文县编制局完成国有林场的编制安排。2016 年 7 月，林场进行清产核资，结果显示兴文县国有林场固定资产净值 750250.6 元，其他应付款 4472103.3 元，其他应收款 3301810.46 元。

2017 年 3 月，兴文县委、县政府关于印发《兴文县国有林场改革实施方案》的通知出台。林场根据实施方案开展改革。一是科学设定机构编制，妥善分流安置职工。原有4个内设机构改为1室3股，原有6个工区改革为5个森林管护站。改革后编制核定为40人。通过办理提前退休、竞争上岗、自谋职业等方式渐进分流和安置职工，同时完善社会保障体系，维护职工合法权益。职工的工资变化如表8和表9所示。二是转换林场管理机制，加强森林资源监管。推进政事分开，落实国有林场法人自主权，实行场长负责制。公益林日常管护逐步引入市场机制，经营和采购活动实行"收支两条线"管理（见专栏2）。2017年5月23日国有林场完成改革。改革后的兴文县林场被界定为公益一类事业单位，由国家财政全额拨款，以保护和培育森林资源为主要任务，不再从事经营性工作。林场改革期间获得的补助金情况以及国有林场改善生产生活条件建设项目资金投入测算如表10至表14所示。

专栏2 兴文县国有林场财务收支两条线管理制度

第一条 将国有林场的全部收入和支出纳入同级财政预算管理，国有林场所取得的经营性收入全额缴入同级财政专户。

第二条 票款分离管理、银行账户管理、资金上缴国库或财政专户管理。

第三条 凡收缴的赔偿金、变价款等收入，要及时上缴同级财政专户，不截留、挪用和处理。

第四条 未纳入当年预算的支出，当年不得列支。

第五条 支出根据审批手续齐全、票据取得合法的原始凭证办理支付业务，并要符合预算管理。

表8 机关事业单位工作人员工资变化审批表

单位（盖章）兴文县国有林场　　　　津贴比例　　　　%　　　　年　月　日　　NO.　兴人社资职〔　〕号

参加工作时间	原岗位等级	现岗位等级 名称	现岗位等级 岗位职级	变动原因（晋职、降职等）	变动前月工资情况 岗位工资	变动前月工资情况 级别(薪级)工资	变动前月工资情况 救护10%工资	变动前月工资情况 津贴(活工资)	变动前月工资情况 其他	变动前月工资情况 合计	变动后月工资情况 岗位工资	变动后月工资情况 薪级工资	变动后月工资情况 基础绩效	变动后月工资情况 奖励绩效	变动后月工资情况 艰边津贴	变动后月工资情况 保留津贴	变动后月工资情况 地区补贴	变动后月工资情况 其他	单位月增(减)工资 金额	单位月增(减)工资 执行时间	一次性补发工资额(扣)
1995-12-12		管理	9级							4884	1490	1099	1460	495	150	70	120		4884	2017-07	4884
1990-03-01		管理	9级							4896	1490	1171	1460	495	150	70	60		4896	2017-07	4896
1998-01		专技	11级							4677	1510	825	1442	500	150	70	180		4677	2017-07	4677
1993-09-01		专技	12级							5168	1490	1411	1487	500	150	70	60		5168	2017-07	5168
1993-09-01		专技	12级							5168	1490	1411	1487	500	150	70	60		5168	2017-07	5168
1976-08-26		事业工勤	2级							5898	1720	1839	1493	526	190	70	60		5898	2017-07	5898
1981-08-08		事业工勤	2级							5823	1720	1644	1493	526	190	70	180		5823	2017-07	5823
1983-09-21		事业工勤	2级							5693	1720	1514	1493	526	190	70	180		5693	2017-07	5693
1976-08-21		事业工勤	3级							5752	1550	1969	1459	494	150	70	60		5752	2017-07	5752
1981-11-10		事业工勤	3级							5427	1550	1644	1459	494	150	70	60		5427	2017-07	5427

注："专技"指专业技术岗位；"事业工勤"指事业单位的后勤保障、服务等工勤岗位。下同。

表9 国有林场初次核定工资报批表

单位：人，元　　兴人社资职〔2017〕397号

项目	2017年7月1日在册工作人员数	月增加工资情况								补发金额
		小计	岗位工资	薪级工资	基础绩效	奖励绩效	艰边津贴	保留津贴	地区补贴	
合计		194615	57920	49573	55072	18670	5970	2730	4680	194615
一、管理		9780	2980	2270	2920	990	300	140	180	
二、专技		15013	4490	3647	4416	1500	450	210	300	
三、事业工勤		169822	50450	43656	47736	16180	5220	2380	4200	
填报单位：（章） 填报人： 领导签字： 2017年7月24日	主管部门意见： （章） 2017年7月24日	人社部门意见：（章） 1. 从2007年8月起，月增工资194615元 2. 一次性补发194615元 审核人：　　　审批人： 2017年7月24日								

表10 2016年国有林场改革补助资金分配表

单位：人，万元，亩

地区	职工人数	经营面积	合计	其中	
				中央资金	省级资金
安岳县	17	8483	25.5	20.6	4.9
资中县	181	44938.5	267.7	216.0	51.7
威远县	182	62415	270.3	218.4	51.9
隆昌县	47	23221	70.3	56.9	13.4
乐山市	196	259345	304.1	248.1	56
市本级	20	1583	29.3	23.6	5.7
沙湾区	51	19020	75.9	61.3	14.6
金口河区	125	238742	198.9	163.2	35.7
峨眉山市	128	263486	204.9	168.4	36.5
夹江县	14	2902	20.7	16.7	4.0
沐川县	232	66695.5	343.7	277.5	66.2

续表

地区	职工人数	经营面积	合计	其中	
				中央资金	省级资金
峨边县	141	1057647	277.7	237.5	40.2
洪雅县	844	926000	1296.6	1055.7	240.9
仁寿县	20	7075.5	29.7	24.0	5.7
丹棱县	20	4917	29.6	23.9	5.7
南充市	29	3171	42.6	34.3	8.3
市本级	29	3171	42.6	34.3	8.3
蓬安县	53	21434.85	78.9	63.8	15.1
仪陇县	55	8000	81	65.3	15.7
宜宾市	76	17835	112.3	90.6	21.7
翠屏区	76	17835	112.3	90.6	21.7
南溪区	55	29815.5	82.4	66.7	15.7
宜宾县	156	60527.4	232.2	187.6	44.6
江安县	81	19823	119.7	96.6	23.1
长宁县	104	38800	154.7	125.0	29.7
高县	233	49564.5	344	277.5	66.5
筠连县	54	13153.5	79.8	64.4	15.4
珙县	27	11269	40.2	32.5	7.7
兴文县	121	28864	178.8	144.3	34.5

表11 2017年兴文县国有林场改革补助金收支台账

收支范围：　　　　　　　　　　　　　　　　　　　　单位：元

序号	时间	摘要	收入	支出	余额	备注
1	9月5日	林业局划改革补助金	1443000.00		1443000.00	
2	9月6日	补交2014年10月至2017年6月养老保险（单位部分）		1136373.20	306626.80	
3	9月6日	补交2014年10月至2017年6月部分职业年金（单位部分）		306626.80	0.00	

续表

序号	时间	摘要	收入	支出	余额	备注
4	10月16日	林业局划改革补助金	147922.48		147922.48	
5	10月16日	补交2014年10月~2017年6月部分职业年金（单位部分）		147922.48	0.00	
6	11月16日	林业局划改革补助金	197077.52		197077.52	结转下年（用于管护站、公路维修）
	合计		1788000.00	1590922.48	197077.52	

经办人：　　　　　　　2018 年 7 月 10 日

表12　2017年中央财政林业改革发展补助资金分配表　单位：万元

地区	补助资金	资金使用方向及任务清单						
		林木良种培育补助	造林补助	森林抚育补助	森林公安补助	国有林场改革	国有林管护费	生态护林员
宜宾市								
市本级	189.7	134					55.7	
翠屏区	73.2				27	46.2		
南溪区	93.3				16	38.5	38.8	
宜宾县	361.4			60	39	109.5	152.9	
江安县	173.8				19	62.8	92.0	
长宁县	182.6				20	77	85.6	
高县	561.3	100			29	164.5	167.8	100.0
兴文县	350				20	74.9	155.1	100.0
筠连县	292.1	35			19	38.9	79.2	120.0
珙县	200.7				37	24.8	97.9	41.0
屏山县	507.3		231		27	46.4	202.9	

表 13　2017 年省级财政林业补助资金分配表　　单位：万元

地区	补助资金	林业改革发展专项资金		林业生态保护恢复专项资金				
		小计	国有林场改革补助	小计	造林绿化	长江上游干旱河谷生态治理产业脱贫工程	国家储备林建设	湿地生态补偿
宜宾市	206.6	38.6	38.6	168	108		60	
翠屏区	78.3	21.3	21.3	57	57			
南溪区	128.3	17.3	17.3	111	51		60	
宜宾县	109.4	49.4	49.4	60	60			
江安县	85	28	28	57	57			
长宁县	94.4	34.4	34.4	60	60			
高县	134.8	74.8	74.8	60	60			
兴文县	94.2	35.2	35.2	59	59			
筠连县	217.6	17.6	17.6	200		200		
珙县	10.4	10.4	10.4					
屏山县	18.9	18.9	18.9					

表 14 兴文县国有林场改善生产生活条件建设项目资金投入测算

建设地点\建设内容	管护站建设		院坝硬化		围栏		蓄水池建设		公路建设		外部接电		厨房、办公用具购置		项目投入与扶持（万元）			
	规模（平方米）	投入（万元）	规模（立方米）	投入（万元）	规模（米）	投入（万元）	规模（立方米）	投入（万元）	规模（千米）	投入（万元）	规模（米）	投入（万元）	规模（项）	投入（万元）	中央财政	省级财政	市级财政	县级财政
大坝管护站	160	32	300	4.5	120	1.8	15	1.5	2.8	16.36	50	1.5	1	2.37	60.03			
赵家坪管护站	120	25	320	4.8			15	1.5			800	6.7	1	1.97	39.97			
合计	280	57	620	9.3	120	1.8	3	3	2.8	16.36	850	8.2	2	4.34	100			

（四）借鉴与启示意义

林业资金沉淀周期过长，并且生态服务在现有制度框架下难以通过有偿提供来回收成本，生态服务难以度量、不可分割、难以排他等特点导致国有林场的公益职能与其自负盈亏的企业运行体制不相匹配。在兴文县国有林场近90%的经营面积被划为公益林，从而面临严重的经济困难的背景下，确实有通过改制将兴文县国有林场从自负盈亏的企业运行体制转变为财政全额拨款的事业编单位的需求。因此，将兴文县国有林场改为财政全额拨款的公益一类事业单位，是符合林业系统建设生态文明、保育生态资源的客观需要的。

然而，初步解决了国有林场的职责与其运行体制之间的错配问题，只是改革进程的第一步。在国家全额承担运营经费的条件下，金融创新似乎是题外之义。但是，如果兴文县国有林场作为财政全额拨款的事业单位，能够进一步发挥对农民组织的衔接和引领作用，则对于全县林业系统破解现代金融体系、现代市场体系与林业生产之间错配的难题，将会发挥更大的作用。课题组建议，下一步深化改革的方向是国有林场作为重要的经营主体或是参与主体去发育前文提到的"三级市场"。

三级市场是活化林业沉淀资产、实现林业生态价值的重要途径。但是三级市场的发育和建设需要很多方面的探索，这些工作显然不可能由农户来做，一般的村集体也很难承担这样的任务，国有林场应该发挥制度优势，主动探索建立这样的制度和平台，并作为交易者将本地区的林业资源和价值在市场上推介，扮演稳定市场运行的角色。作为市场交易者的国有林场与作为资源整体经营者的村集体经济组织，与作为林木具体经营管护者的农户之间，构建有机的利益整体，既有助于帮助小农户衔接外部现代市场，也能够有效充实集体经济，为提高基层自治能力、提高基层治理有效性夯实对应的经济基础。

五、总结与建议

以上三个案例之间存在着逻辑上的内在关联，都是针对国家财政、金融体系、市场体系等"村外"系统与分散小农之间交易成本过高导致错配问题的三个方面的不同表现所进行的创新性探索，在以下几方面具有重要的先行先试的意义：

第一，产权法律化，夯实产权基础。查清自然资源的权属、面积、用途、空间位置，做到"权属明晰、四至明确"，是推进林业生态资源和生态产品改革的基础。兴文县借助林权改革试点，推进林业资源资产的确权、登记和颁证工作，明晰生态资源所有权及其主体，规范生态资源资产使用权，保障生态资源资产收益权，激活生态资源资产转让权，积极引导农民进行经营权流转，促进适度规模经营，为抵押贷款等金融创新奠定基础。

第二，创新绿色金融服务体系，引进多种经营主体，盘活生态资源资产。兴文县林权改革中，在确权颁证的基础上，深入跟进制度创新，解决抵押评估、担保和变现等问题，引导设立担保基金，通过建立小额生态产品贷款担保合作社、资金互助社和国有控股担保公司等办法，解决产权抵押贷款难题。加强与金融部门合作，创新金融产品服务模式，丰富绿色金融产品，加快培育合格承贷主体；重点扶持新型经营主体，激发林业生态系统潜力。

第三，建立健全生态奖惩制度，提高制度与绩效匹配性。比如，国有林场改革中，将林业经营的长周期性、生态效益的公益性与政策性，与林业经营单位的运营体制转变结合起来，推进国有林场向一类国有单位转变，提高了经营主体与经营对象在制度类型上的匹配度，体现了中央财政对地方创造生态效益的购买意愿与支付责任。①

习近平总书记强调，"绿水青山就是金山银山"。这就要求基层在既有

---

① http://www.sohu.com/a/253958990_692693。

的基础上深化改革，久久为功，一张蓝图绘到底。课题组认为，可以进行"三级市场"体系的探索，在政府利用财政和金融手段反哺乡村的机遇下，让农村集体经济组织在农村产业融合发展和乡村治理过程中发挥关键作用：首先，要让村集体经济组织作为内部"资源整合者"，完成村内涉及三产的土地及其他资源的内部"初次定价"；其次，将资产发包给村内以合作社为主的不同经营主体，同时引入外来主体，形成组合投资和三产化资源的多元开发；最后，为确保资源权属的顺畅交易和价值活化，可以进行相关的资本市场探索。

首先，依靠集体经济组织在村社内部培育原初市场，完成资源初次定价。一方面主要以自然村为单位，按照三产化和社会化需求对村内资源进行全域普查。另一方面利用村内发育的降低交易成本的机制和手段与农户协商谈判，将资源收归集体统一经营，同时把集体财产做股量化到人，村民根据股份获得分红。村社内部原初市场的资源要素价格原则上尽量参照一产市场进行定价，而与外部主体交易时则按照外部市场的要素价格进行定价，这样才能有发展三产的空间。也就是说，农民将资源交给集体，放弃了一产化条件下的劳动力收益，转而获取的是三产化条件下更大更持续的财产性收益。

其次，资产发包与引进外来主体形成资源开发经营市场。针对集体所有的这些可供开发的资产，组建多种合作社，将已被村内初次定价的资产通过股权、债权等多种形式交给不同合作社，形成资源的多样性开发和组合性投资，这样能够最大限度地分散风险。在此基础上，要真正实现乡村在地化资源资本化和价值增值，必须将其与城市市民的消费和投资能力结合起来，才能获得因产业升级和要素被再定价而形成的超额收益。这一方面降低了外部主体进入村庄的交易成本（之前是与分散农户，现在是与单个的集体经济组织），另一方面集体经济组织因垄断了全域资源进而市场势力大幅度提高，能够与外部主体形成相对平等和互信的交易关系。也就是说，只有与外部主体特别是城市市民和资本需求相结合，才能真正实现农村在地资源最大程度的溢价，而只有通过集体经济组织与外部主体对接，才能真正让溢价收益最大幅度为村庄和村民所占有。不仅形成积累以壮大集体经济，还构建起改善村庄治理、提高公共服务、保护生态文化的经济基础。

最后，长期来看，要探索建立以集体经济组织为"回购商"的资本市场。由于村社资源具有在地性，同时对农民具有生存和保障功能，且资源产权分置之后，最终的所有权（田底权）始终归村社集体所有，所以其常常既不可移动，也不可实物交割。同时，农村的动植物资源以及由于稀缺性而会随时间增值的文物资源都具有连续的价值增值性。为最大限度发挥金融市场的杠杆作用，促进农村在地资源价值显化和活化，可以以县为单位建立资本市场，引入股票、期货等手段，让农村在地资源成为可拆分的、可交易的有价证券，经县内的机构投资人交投后推出交易价格，吸引外部投资人进入。

发挥蜀南竹海优势，统筹城乡地区发展

——与江苏省溧阳市南山竹海的比较案例分析

孙久文　苏玺鉴　卢怡贤

2018 年 2 月，习近平总书记赴川视察，明确提出推动治蜀兴川再上新台阶的总体要求，并指出四川是产竹大省，要因地制宜发展竹产业，发挥好蜀南竹海等优势，让竹林成为四川美丽乡村的一道风景线。当前，四川着力推进高质量发展，主要表现在推动产业结构优化、区域布局协调、生态环境优美等方面。宜宾作为国家和城市群的区域中心城市，战略位置十分突出。但目前宜宾经济面临发展基础薄弱、县域经济动力不足等问题，县城经济在空间结构上呈现翠屏区一区独大，在产业上呈现白酒、饮料和精制茶制造业一枝独秀的状态，亟须按照新时代新要求进行建设。如何发挥蜀南竹海资源优势，激发县域经济活力，统筹城乡地区发展，推动生态环境建设，是宜宾高质量发展面临的重要问题。

在此背景下，中国人民大学"宜宾市大力实施区域协调发展战略，发展壮大县域经济研究"课题组选择宜宾市长宁县，研究当地产业发展现状对县域经济和城乡统筹的作用。课题组于 2018 年 5 月 9 日完成对长宁县的调研，结论是长宁县的主导产业是旅游业（蜀南竹海）及其相关产业（竹制品产业）。为了深化对蜀南竹海的研究结论，课题组于 2018 年 7 月 25 日对江苏省溧阳市南山竹海进行调研。本书通过对两地竹海旅游产业进行对比，采用 SWOT 分析方法，将蜀南竹海作为案例进行剖析，为以旅游业为主导的县域经济发展和城乡统筹建设提供政策建议。

一、案例背景介绍

蜀南竹海是国家 AAAA 级旅游景区，也是宜宾市重要的旅游名片之一。作为长宁县的主导和支柱产业，蜀南竹海对地区经济发展和生态保护意义重大。目前，长宁县坚持"绿水青山就是金山银山"的理念，狠抓蜀南竹海创国家 AAAAA 级旅游景区和"国家全域旅游示范区"的工作，力争景区提级，推进县域经济发展。溧阳市南山竹海作为天目湖景区的重要组成部分，是全国唯一以竹海为特色的 AAAAA 级旅游景区。因此，本书以南山竹海为对照，分析其与蜀南竹海的发展异同。

（一）蜀南竹海

蜀南竹海位于四川省宜宾市长宁县和江安县的交界处，由宜宾市蜀南竹海旅游发展有限公司开发和管理。1988 年被批准为"中国国家风景名胜区"，并被评为国家 AAAA 级景区。其方圆 120 平方公里，其中竹林 13 万亩，核心景区 6.6 万亩。景区内竹子种类达 427 种，其中乡土竹子 58 种，植被覆盖率达 92.8%。

蜀南竹海自然景观丰富，不仅有面积大、种类多的竹林，还包括丹霞、瀑布、溪流、湖泊等自然景观，其中，深丘丹霞地貌与竹林相结合是景区一大亮点。同时，蜀南竹海是川南的佛教圣地，有仙寓洞、龙吟寺、天皇寺等名胜古迹。蜀南竹海是中国唯一的集竹景、山水、湖泊、瀑布、古庙于一体，同时兼有历史悠久的人文景观的竹文化、竹生态休闲度假旅游目的地。

（二）南山竹海

南山竹海景区位于苏、浙、皖三省交界处的江苏省常州市溧阳市，由天目湖旅游集团开发和管理，为天目湖旅游路线的一环。它成立于 2000 年 9 月，是国家 AAAAA 级景区，拥有独特的高海拔小气候，竹林 3.5 万亩，品种以毛竹为主，森林植被覆盖率达95%，平均负离子含量高出城市15倍以上。

景区内被划分为静湖娱乐区、休闲娱乐区、历史文化区、寿文化区和登山游览区五大功能区，包括静湖、小鸟天堂、古官道、中国第一寿星、吴越弟一峰、撞钟祈福、熊猫馆等景点。在景区外，相配套的设施包括位于山脚的风情小镇、御水温泉度假村、南山竹海古街、南山竹海客栈等。全部景区整合了寿文化、竹文化、茶文化、古村落文化等多元素。南山竹海的优点是依托集山水园、水世界、御水温泉于一体的天目湖景区，景点丰富且深度挖掘，配套设施完善，发展模式更为商业化。

二、案例比较分析

蜀南竹海和南山竹海景区的核心元素都是竹，但是景区建设和发展模式不尽相同，通过比较南山竹海和蜀南竹海的发展差异，可以总结两地的优劣，归纳竹海景区发展经验。两地的差异主要表现在以下几个方面：

（一）发展条件比较

不同的发展条件会使类似的地区进入不同的发展路径，比较两地的发展条件，可以探索蜀南竹海的发展限制和优势方向，培育蜀南竹海发展具有根植性的优势。

1. 自然条件比较

蜀南竹海占地18万亩，竹林13万亩，核心景区6.6万亩，景区内各种竹子达400余种，植被覆盖率达92.8%，年平均气温15.5℃。冬季很少在0℃以下，夏季不超过30℃，无霜期345天。所在地区海拔600~1000米。空气中负氧离子最高可达8.5万个/立方厘米。

南山竹海共有竹林3.5万亩，品种以毛竹为主，森林植被覆盖率达95%，全年平均气温17.5℃，夏季平均气温比溧阳市区低5℃左右。南山竹海最高处海拔约为508米。空气中负氧离子含量超过10000个/立方厘米。

总的来说，蜀南竹海的自然禀赋较好，不仅表现在竹林面积大、植被种类多，还表现在自然景观种类更为丰富、旅游体感更加舒适等方面。

2. 区位条件比较

蜀南竹海和南山竹海地处的城市群不同，前者位于川、滇、黔、渝四省交界（成渝城市群南缘），由于对外交通不发达，与邻近省会城市距离在 200 公里以上，游客 95% 以上来自川南和临近的云南、贵州。2017 年，川、云、贵全体居民人均可支配收入分别为 20580 元、18348 元、16704元，低于全国 25974 元的水平。

南山竹海位于长三角城市群的宁杭交通轴上（长三角 2 小时交通圈范围内），消费范围辐射长三角，与邻近省会城市距离在 200 公里以内。2017 年，苏、浙、沪人均居民可支配收入分别为 35024 元、42046 元、58988 元。另外，溧阳的"1 号旅游公路"被命名为江苏省首批旅游风景道，它连接三山（南山、曹山和瓦屋山）两湖（天目湖和长荡湖），旨在发展常州西部（金坛和溧阳）的全域旅游，即结合著名景区和乡村旅游。

总的来说，南山竹海的区位条件要明显优于蜀南竹海，南山竹海周边游客消费能力更强，加之夏季旅游需求旺盛，其客流量显著高于蜀南竹海。同时，南山竹海与周边景区的沟通渠道已经打通，多个景区联合发展。蜀南竹海尚未实现县域合作，其合作的主要障碍还是自然资源的共同开发、管理平台及其背后的生态补偿机制缺失。

（二）具体做法、成效比较

通过分析南山竹海发展过程中的具体做法和成效，可以选择适合蜀南竹海发展的模式，进行引用和借鉴。同时，在比较中总结蜀南竹海发展的优势，总结全域旅游发展的经验，向其他县区进行推广。

1. 配套设施建设比较

蜀南竹海景区面积较大，主要景点包括：翡翠长廊、观云台、海中海、七彩飞瀑、天宝寨、忘忧谷、仙寓洞、竹博物馆。通过公路可以抵达景区内的绝大部分主要景点，非核心景区部分为单行路段，核心景区部分为双行通道。景区内服务设施包括农家乐、宾馆和停车场，其中宾馆10余家，农家乐接近40家，各型停车场近20个，基本覆盖了景区内所有景观景点。2017年，景区接待游客130万人次，创造旅游总收入7.57亿元。景区内娱乐设施包括漂流、索道、竹筏，但分布分散，交通时间长。景区内交通以驾车和步行为主，各景点之间没有摆渡车，缺少游览路线的设计、介绍和不同景点的指引。

南山竹海整体划分为两个部分，分别承担观景游览和休闲度假的功能。主要景点包括静湖、吴越弟一峰、鸟类展馆、熊猫馆、寿文化广场和竹雕展馆。景区最大承载量达53000人，最大瞬时承载量为35000人。景区内仅有一家宾馆，但是设有游客综合服务中心，可以满足餐饮、购物需求。景区内娱乐设施包括竹筏、观光火车、地面缆车、高山索道等。景区内有较为明确的游览路线，包含一条主干路线和两条可选支线，可以选择步行或乘坐电瓶车等代步工具，代步工具几乎可以覆盖所有主要景点。景区外的休闲度假区域包括竹海古街和御水温泉度假酒店。古街设有两家主题宾馆，十余家餐饮、住宿一体的农家乐，一座停车场和酒坊、特色竹产品等特色商品店。

总的来说，蜀南竹海面积较大，因此各个景点分布较为分散。各景点的经营收益权归属于各个村镇集体，因此各种设施没有统一建设，规模不大且设施不完善，各个景点之间缺乏有效的串联，同类部门相互竞争。但是，住宿、餐饮在景区内分布，游客与景区互动程度更高，休闲度假体验更好。蜀南竹海延伸区域建设较差，缺少类似于南山竹海古街的游客集散、消费购物区域。

2. 核心优势比较

蜀南竹海的核心竞争优势是其得天独厚的自然环境资源，主打以竹林、丹霞地貌观赏为主的山水休闲游，目标群体为周边区域自驾的散客和包车的小团体游客，游览的自由度很高。蜀南竹海强调景区建设和观赏性的提高，但对娱乐性和商业化的建设不足，游客的娱乐活动仅有竹筏、漂流几项，购物渠道则主要为精品店。同时，受制于地区发展条件和规划，蜀南竹海与县内、市内的景点互动较差。

南山竹海的核心竞争优势在于其一站式旅游目的地发展模式，通过对自身资源的整合和对天目湖区域餐饮、酒店、购物等外部资源的配套整合，以复合型产品、多元化市场和系统化服务形成旅游集聚区效应。虽然仅就南山竹海而言，景区可选景点偏少，自由度不及蜀南竹海。但考虑到其属于天目湖旅游项目，与天目湖及其水上项目、御水温泉形成联动效应，为游客提供了更多选择。

总的来说，蜀南竹海尽量保持原有的生态环境，不做大的修改，走单一景区发展的路线，景区的观赏性高，但娱乐性和商业化不足。南山竹海将多样文化融入生态环境，人为修饰的痕迹较大，走多景区集聚发展的路线，强调观赏、娱乐、购物的组团供给。

3. 发展模式比较

蜀南竹海景区由宜宾市蜀南竹海风景名胜区管理局和蜀南竹海旅游发展有限公司共同管理。蜀南竹海风景名胜区管理局负责宣传贯彻法律法规、保护竹海风景名胜区资源和生态环境、协调编制景区规划、建设维护管理景区基础设施和公共设施等工作，下设竹海博物馆、票务中心、游人中心、环卫所和三个管理所，负责景点公共服务。蜀南竹海旅游发展有限公司负责年度投资与发展计划、招商引资、资本运作、对外合作等具体的管理工作，其下设蜀南竹海旅游发展有限公司品牌传播营销分公司，负责景区品牌传播、市场营销推广。同时，市公安局、林业局、工商局于蜀南竹海下设分局，参与共同管理。

南山竹海由溧阳市天目湖南山竹海旅游有限公司和南山景区管委会进行管理。2004 年，天目湖旅游有限公司与当地人民政府共同开发南山竹海，成立天目湖南山竹海旅游有限公司。2006 年，天目湖旅游有限公司获得周边上百亩土地的开发经营权，用于建设御水温泉及相关配套设施。2012 年，成立了中国共产党溧阳市南山景区工作委员会、溧阳市南山景区管理委员会，分别是溧阳市委、市政府的派出机构，在南山景区范围内行使市委、市政府授予的旅游项目开发与管理、景区规划建设、环境整治、生态保护、行政综合执法等职能。

由此可见，蜀南竹海和南山竹海景区均由旅游公司与管委会共同管理。

4. 产业建设比较

蜀南竹海的发展规划是三产融合发展，包括以竹子和竹笋、竹荪等竹林副产品生产、销售及初级加工为主的第一产业，以造纸、竹制品加工、竹炭等产品深加工为主的第二产业，以蜀南竹海为核心的第三产业。

南山竹海的发展定位仍以第三产业为主，与第一、第二产业的关联度不高，与之关系更紧密的是景区附带的零售、餐饮、住宿、会议等服务业。

总的来说，蜀南竹海倾向于纵向的产业融合发展，产业辐射面更广，产业关联度更高，发展前景更大，对地区的支撑作用更强，但是各级产业横向延伸程度较差。南山竹海倾向于第三产业的横向拓展，与第一、第二产业关联性不强，但是第三产业涉及部门和业务更多、更全面。

三、蜀南竹海 SWOT 分析

通过对比蜀南竹海和同类风景区可以发现，蜀南竹海具备明显优势，但也存在建设、管理上的劣势。同时，在我国推进乡村振兴战略和四川谋求高质量发展的背景下，蜀南竹海的机遇和挑战并存。因此，笔者通过态势分析法（Strengths Weaknesses Opportunities Threats，SWOT）梳理蜀南竹海的发展条件（见图 1）。

（一）竞争优势

蜀南竹海的主体位于宜宾市长宁县，是长江上游生态涵养区，自然环境良好，蜀南竹海在避暑、休闲、生态、度假、文旅等方面都具有得天独厚的优势。

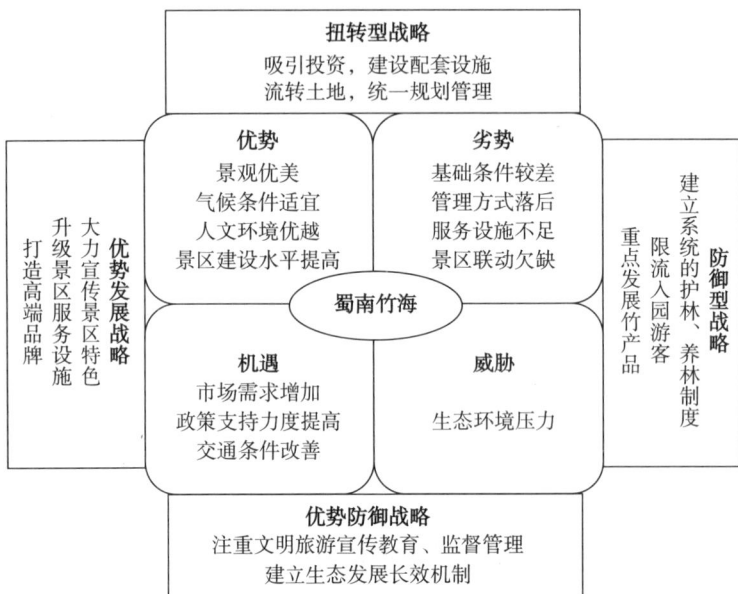

图 1　蜀南竹海 SWOT 分析示意图

资料来源：课题组计算整理。

就景观而言，蜀南竹海竹林面积大，竹子种类多。独特的丹霞地貌、峰峦湖泊以及传统的古寺庙宇赋予蜀南竹海极高的观赏价值。

就气候条件而言，蜀南竹海冬暖夏凉，气候宜人，海拔适中，植被覆盖率高，空气中负氧离子含量高，是避暑休闲的良好选择。

就人文环境而言，当地居民"以竹为生"时间久，相关的产业、文化成熟。全竹宴、竹根雕以及竹海特产具备一定的知名度。

就景区建设而言，在争创 5A 级景区的过程中，市、县政府高度关注，蜀南竹海积极作为，解决了之前存在的违章搭建、沿街兜售等问题，并对重点景区和新景区进行维修升级，景区治安、建设等方面有了很大提高。

（二）竞争劣势

蜀南竹海地处我国西南地区，经济发展水平较低，发展起步较晚，在区位、管理等方面存在一些劣势。

就管理方式而言，蜀南竹海近几年基本理顺管理体制，景区发展更符合市场需求。但由于发展起步晚、人才短缺、管理经验不足等原因，景区存在管理不统一、配套设施建设不足、未能与周边景点组团联动、旅游推广渠道单一、缺少旅游路线规划和广告投放等问题，导致景区的游览体验和知名度不足。

就景区建设而言，蜀南竹海观光时间有限，且未能与其他景区进行合理联动，因此辐射范围基本是周边市县。同时考虑到云、贵、川地区自然景观、人文景观丰富，有众多更具知名度的旅游景区，蜀南竹海很难吸引到全域乃至全国游客。

（三）竞争机遇

蜀南竹海作为地区支柱产业，其发展对长宁经济有重要影响。在当前我国居民收入水平提高、游客需求多样、乡村振兴和城乡统筹战略提出、地区基础设施建设完善等背景下，蜀南竹海将迎来新的发展机遇。

1. 居民收入提高，消费结构转变

从居民收入水平的角度来看，2017 年，四川、重庆、云南、贵州全体居民人均可支配收入比上年分别增长 9.4%、9.6%、9.7%、10.5%，收入水平明显提升，而且在文化娱乐上的消费比重呈增长趋势。

从游客需求的角度来看，乡村旅游成为热潮。根据全国乡村旅游发展经验交流现场会公布的信息，2017 年全国乡村旅游达 25 亿人次，同比增长 16%；旅游消费规模超过 1.4 万亿元，同比增长 27.3%，超过全国国内旅游收入的 30%。究其原因在于：第一，随着环境的恶化，游客对旅游目的地的偏好发生改变，对风景优美的生态旅游的认可度更高；第二，随着高温天气的频发，避暑旅游产品成为旅游市场的新宠，需求量大大增加；第三，汽车保有量增加，经济条件改善，地理距离对游客目的地选择影响的程度降低，蜀南竹海因地理位置受到的限制降低。

2. 各级政府支持力度加大

习近平总书记来川视察的重要讲话为长宁县全域旅游的发展指明了方

向。长宁县作为自然保护区、风景名胜区、长江上游珍稀鱼类保护区，生态涵养的地区定位要求生态旅游业在地区经济发展中成为主力。蜀南竹海作为地区主打品牌，将获得更多的资源倾斜。

长宁县全县有景区景点 110 余处，自然景观、人文景观丰富：蜀南竹海、蜀南花海、佛来山、碧浪湖、七洞沟等均颇负盛名，竹文化、三元车车灯、龙灯文化、龙舟文化、苗族风情文化等民俗文化独具特色。目前，长宁县正积极打造全域旅游，以蜀南竹海创国家 5A 级景区为核心，2017年长宁县旅游收入 111.2 亿元，同比增长 27.9%，成功创建了 2 个 4A 级景区、4 个 3A 级景区，成功承办了全国热气球锦标赛、全国桥牌公开赛等重大赛事活动，催生"旅游+"的快速发展。

3. 交通条件改善

宜宾市优越的地理条件和地区定位促进其交通运输条件不断改善，为蜀南竹海扩大地区影响力提供机遇，减小距省会城市较远的区位劣势。

例如，国务院《关于印发"十三五"现代综合交通运输体系发展规划的通知》指出：泸州—宜宾是全国性综合交通枢纽；"十纵十横"综合运输大通道中临河至磨憨、北京至昆明、额济纳至广州三条通道途经宜宾，在宜宾交会。国家发展改革委、交通运输部、中国铁路总公司《关于印发〈中长期铁路网规划〉的通知》提出："八纵八横"高速铁路主通道中京昆通道、兰（西）广通道途经宜宾，在宜宾交会。中共中央、国务院《关于印发长江经济带发展规划纲要的通知》指出：宜宾港是积极发展的重点港口。国家发展改革委、交通运输部、中国铁路总公司《关于印发"十三五"长江经济带港口多式联运建设实施方案的通知》明确提出：加强连云港、南通港、苏州港、宜宾港等重点港口集疏运通道建设。国家发展改革委、交通运输部《关于印发城镇化地区综合交通网规划的通知》提出：建设绵遂内宜铁路，建设泸州、宜宾、南充等港口，迁建宜宾、泸州、达州机场，是成渝地区规划的重点工程。

随着宜攀高速、渝昆高铁、成贵高铁等的建成，蜀南竹海与峨眉山、乐山大佛等景区将加强联系。蜀南竹海作为西南景点的重要一环将更具品牌影响力。

（四）竞争威胁

无论蜀南竹海在未来如何整合资源、建设配套设施，但是景区的核心竞争力始终是风景秀丽的生态环境。因此，其发展最主要的威胁也就来自对生态环境的破坏。

首先，随着旅游业的开展，景区知名度的提升，游客必然大量增加，景区的环保工作压力激增，一旦超过景区的承载力，就会对生态环境造成不可逆转的破坏。

其次，相应配套设施和服务部门的增加会带来大量生活污水和汽车尾气的排放，加大生态环境治理难度。

最后，蜀南竹海的竹林需要专业、统一的养护，需要定期砍伐竹子以维持其合理规模，但是景区的整合会使竹海中的原住户被动外迁，旅游给居民带来的收入也会导致年轻人的主动外迁，为竹林的持续健康发展埋下隐患。

（五）发展方向

综上所述，通过对蜀南竹海不同条件的组合，可以设计出扭转型战略、优势发展战略、防御型战略、优势防御战略四个发展方向。

扭转型战略：利用地区发展和市场变化带来的机遇，吸引大量资本进入，改善地区交通环境、完善景区内配套设施。以政策手段为先导，配套专门的资金，流转景区内的集体土地，从而将整个景区整合，进行统一的规划、建设、宣传，建立系统的利润分配制度。强化全域内的景区组团联动，将长宁县打造成为多景点、多体验的休闲康养旅游目的地。

优势发展战略：配合国家生态建设的相关政策，大力宣传景区的生态价值和景观特色。借助地区基建投资，对景区的交通、住宿、餐饮进行整合和升级，集中建设几家位于核心景区的、具有一定规模的综合游客中心，提供休闲、度假、疗养、会议等服务，目标定位于中高端客户群体的自驾游、集团业务。

防御型战略：建立系统的护林、养林制度，对入园游客进行限流。将工作重点从对竹海的宣传、建设转向对竹海产品的推广、宣传，集中推出1~2个具有一定影响力的竹制品，打造竹荪、竹笋等竹副产品品牌。

优势防御战略：加大景区服务设施建设和宣传推广的力度，在对景区宣传的同时配合对游客文明旅游的宣传教育。限流入园人数，建立完善的景区管理制度。聘用专业人员从事景区规划、维护工作，从景区收入中固定抽取一部分成立专门的基金用以维护景区生态环境。

四、蜀南竹海助推城乡统筹发展的思路与举措

在习近平总书记来川视察重要讲话精神的指示下，在"绿水青山就是金山银山"的发展理念下，宜宾市以"将蜀南竹海打造成为又一张名扬天下的宜宾名片"为目标，充分发挥竹林资源优势，推进竹产业发展，严守生态底线和环保红线，刺激县域经济活力，推动美丽乡村建设以及城乡统筹发展。

（一）景区建设

蜀南竹海面积广大，种类丰富的竹林和丹霞地貌的结合是其独有的特色，可以满足休闲、度假、避暑等需求，但是国内不乏功能类似的景区，因此，在实地考察了江苏溧阳南山竹海和河南信阳鸡公山之后，课题组为蜀南竹海景区建设和发展提出以下建议：

1. 聚焦景区生态的维持和延续

竹林面积广阔、竹种类丰富、气候适宜、生态环境良好形成了蜀南竹海的核心竞争力。同时，生态环境脆弱是影响蜀南竹海长久发展的"阿喀琉斯之踵"，因此，维持竹海的生态环境是竹海发展的首要任务，也是推动美丽乡村建设的关键举措。

这就要求：在景区规划、建设、运营各个环节对景区的管理者、服务

人员和游客灌输生态理念；加强景区内如太阳能路灯、电动摆渡车等生态设施的建设；加大景区内环保的宣传、管理力度，外迁景区内的污染源，如不符合自然保护区生态标准的餐馆、宾馆、机动车等；拆除或改建景区内不符合节能、低碳标准以及与景区主体不契合的建筑。

2. 加强景区景观特点的培育

如前文所述，国内与蜀南竹海同类或功能相同的风景区并不少见，同时，各个景区在发展模式上也陷入了雷同的路径，如建设展馆、增添娱乐设施、设计人文故事，等等。因此，蜀南竹海需要抓住游客的需求，结合自身特色，提升核心竞争力。

蜀南竹海可以依靠自身竹林面积大、竹子种类多、生态环境好的优势开发独具特色的体验式旅游产品，如体验竹林深处的清净生活、体验古人的竹林风雅韵味、体验天然氧吧的身心休闲，开展禅修班、瑜伽班等课程活动；增强游客在旅游过程中与竹林的互动，如竹器制作、使用，竹产品烹饪，林中各类植物的辨识和采挖；设计具有特色的纪念品，聘请专业人员或民间艺人设计几款具有代表性的纪念品，兼具地区特色、文化内涵和艺术收藏价值，对纪念品进行分类，以满足不同层次游客的需求，同时限制仅在本地区销售，形成个性化的旅游纪念品。

3. 关注景区基础设施改善和推广宣传

基础设施薄弱、景区知名度不高是现阶段蜀南竹海发展的瓶颈，制约着蜀南竹海景区向更高层次发展，也限制了蜀南竹海旅游业的发展，难以带动周边产业的繁荣。蜀南竹海基础设施和宣传推广中存在的问题不仅是由于景区所处区位欠发达，而且更多是由于过去很长一段时间蜀南竹海管理机制混乱、责任主体不明。在理清了蜀南竹海管辖权以后，各类资源可以有效集中，推动景区及关联产业发展。

具体来说，首先要对景区内的道路进行适当的改扩建，增加固定的景点间通勤车辆，规划设计若干条最能展现蜀南竹海特色的观光路线；其次，改善景区内餐饮住宿条件，改善景区内卫生状况，对景区内的服务统一监督管理；最后，打造蜀南竹海特色名片，结合蜀南竹海多次成为取景地，推广其自然环境和生态资源的价值，针对蜀南竹海特色设计山地休闲、竹林疗养、湖滨避暑等项目，充分利用网络媒体的作用，如在各旅游网站投放宣传片、景区图片及旅游攻略等。

（二）城乡统筹

竹林作为大自然的宝贵资源，是美丽乡村的风景线，是全域旅游的重要推手，也是产业发展、城乡统筹的关键力量。

1. 以重点带全域，激发县域活力

蜀南竹海是长宁县经济发展的重要支柱、宜宾市形象宣传的主打名片之一。以蜀南竹海为重点景区，推动长宁县乃至宜宾市全域旅游的发展，是刺激县域经济活力、扭转宜宾市产业结构"一枝独秀"和地区经济"一区独大"的关键举措，也为以旅游业为优势产业的地区提供样板参考。

全域旅游是指在一定区域内，以旅游业为优势产业，通过对区域内经济社会资源尤其是旅游资源、相关产业、生态环境、公共服务、体制机制、政策法规、文明素质等进行全方位、系统化的优化提升，实现区域资源有机整合、产业融合发展、社会共建共享，以旅游业带动和促进经济社会协调发展的一种新的区域协调发展理念和模式。

长宁县或者更大范围的宜宾市乃至整个川南地区，自然环境优渥，具备发展全域旅游的良好前景。当前，应以蜀南竹海为代表，紧密结合周边特色景点，在全县或全市层面统一协调，科学安排景点的组团建设和联动发展，实现旅游兴县、旅游兴市。

具体的政策建议如下：首先，整合旅游资源，突出旅游特色。将蜀南竹海的竹文化和宜宾市固有的酒文化结合，综合悬棺等其他旅游资源，以市域交通网络为基础，建成重点突出、主次结合的旅游网络体系，形成精品旅游环线。其次，加速与区域外旅游产业的联合发展。如与周边名气较大的九寨沟、四姑娘山、峨眉山等景区合作，共同打造四川旅游名片。再次，打破景区内外的体制壁垒，将全域旅游的管理拔高到统一管理结构或管理委员会下。改变单一的宣传方式，整合资源进行统一宣传。最后，激

活旅游周边产品市场，围绕"吃、住、行、游、购、娱"六要素，大力建设与景区配套的星级酒店、独具特色的娱乐场所、休闲娱乐一体的农家乐、温泉等，吸引远距离特别是居住在不同地理环境的广大游客。

2. 以资源带发展，推动乡村建设

全域旅游的发展离不开推进景区内外服务水平一体化和城乡公共服务一体化。景区周边有广大农村和居民，竹林资源作为美丽乡村风景线和美丽乡村建设支点，其发展建设要惠及农村、惠及农民。国家农业部于2014年2月正式对外发布美丽乡村建设十大模式，为全国的美丽乡村建设提供范本和借鉴。其中，生态保护型和休闲旅游型强调在生态环境优美、环境污染少、旅游资源丰富、交通便捷的地方发展生态旅游和乡村旅游，这是长宁县蜀南竹海发展的方向，也是推动美丽乡村建设的途径。

目前，蜀南竹海和周边区镇积极进行环境综合整治、违规建筑整治，严格进行生态保护和环境整治。根据宜宾市规划，到2020年，全市新增近40万亩竹林，竹林综合产值达到300亿元，让竹林成为四川美丽乡村的一道风景线，让竹产业成为群众的致富产业；计划培育新增规模以上竹企业20家以上，并健全"行业协会+龙头企业+专业合作社+生产大户"的经营模式，带动和促进竹农增收致富。2017年，宜宾市农民人均从竹产业获得收入608元；到2020年，这一数字有望增加1000元。由此可见，竹海资源对地方发展、居民增收意义重大。

以旅游景区建设为契机，推动周边乡村建设，具体应从三个主体入手：首先，村容村貌。建设旅游景区乃至全域旅游，离不开对周边地区的规划建设。主管部门和周边乡村应借全域旅游的契机，积极争取建设资金和政策支持，推动乡村建设与景区发展相适应，不仅要结合当地旅游资源，还要推动美丽乡村的合理建设。其次，产业发展。以资源为支撑的景区建设必将带动周边地区相关产业的发展。周边乡村可凭借全域旅游机遇，合理规划村级配套产业，推动乡村旅游和休闲农业的发展。此外，竹子制成品种类繁多，在生活、医药等方面具有重要用途，市场效益明显。竹制品业也可得到相应的规划发展。最后，农民收入。以村容村貌和产业发展为基础，贯彻乡村振兴战略，着力推动乡村的可持续发展和公共服务建设，提高乡村生产、生活的吸引力，真正改善农民生活，构建和谐宜居的城乡环境。

3. 以产业带经济，统筹城乡建设

发挥蜀南竹海的生态优势、经济优势、文化优势，不仅要求充分挖掘蜀南竹海旅游价值，打造全域旅游，而且需要以丰富的竹资源为基础，打造特色产业集聚，以产业发展带动经济高质量发展和城乡统筹建设。

一方面，城乡共享，推动全域旅游发展。全域旅游以重新整合相关资源、形成全产业链为特征，要求城乡共享共建，发挥区域优势，为全域旅游休闲产业发展做出贡献。我国农村旅游强势的发展劲头表明传统以城市和景区为重点的旅游方式已不适应现代社会发展和人民生活的需要，全域旅游则通过大旅游乘数效应赋能地区发展，为人民提供更为丰富多样和休闲放松的旅游形式。目前，应以推动城市化建设和乡村振兴战略的实施为抓手，充分发挥旅游业吸纳就业、调整产业结构的效果，将城市资金、管理要素与农村自然风光、休闲方式结合起来，共同推动全域旅游发展和人民收入提高。

另一方面，城乡分工，优化竹产品深加工。依靠丰富的竹资源，通过合理规划产业布局、为产业园区提供补助保障，发挥集聚经济优势，切实推进竹产业的培育和壮大。农村是原材料供应地和竹制品初步加工区，支持竹子种植与就地转化，建立竹子种植和竹产品初加工合作社，提高农村初步加工的条件和能力，为农村发展寻求新的产业支点与致富项目。现代竹产业园区则致力于打造研发设计、科技赋能、品牌建设、精细加工等高附加值环节集聚区，以竹制品业为纽带推动城乡协调发展，推动地区经济发展，将宜宾建设成为我国竹产业高地。

五、结论

宜宾市蜀南竹海有着得天独厚的发展优势，一直以来制约景区建设发

展的不合理因素也在近几年逐一破除，踏上了发展的快车道。立足于自身特色，借鉴已有如南山竹海等景区发展的经验、吸取教训，充分发挥近几年旅游新兴市场的潜力，蜀南竹海有能力实现跨越式发展并成为四川乃至整个西南地区的旅游新名片。未来随着渝昆、成贵高铁的开通，宜宾市率先成为川南地区的交通枢纽，汇聚更多的人流、物流，县域的全域开发更具可操作性。

同时，长宁县作为宜宾市农业和旅游业富集的大县，全域旅游的发展可以提升县域的整体发展质量，带动城乡一体发展，伴随全域旅游的发展，推进城市化和乡村振兴战略的实施有了新的支点。由此可见，蜀南竹海作为地区名片，必将对地区经济和城乡统筹发挥更加重要的作用。

利用外部资源创新小农经济与现代市场的衔接机制

——以宜宾市翠屏区方水井村六社为例

董筱丹　唐　溧　罗士轩　徐文静　李玲玲

一、案例背景

2003 年中央政府提出"三农问题重中之重"的指导思想，2004～2009 年连续 16 年将中央一号文件锁定在"三农"问题。在政府投入上，自 2005 年 10 月提出"新农村建设"国家战略以来，"三农"领域已成为中央财政最大的开支领域之一；在经济持续下行压力加大的背景下，2019 年中央一号文件进一步指出，"三农"是国家应对综合安全风险挑战的"压舱石"，这不仅体现了中央对"三农"问题的高度重视，也体现了新的发展阶段下政府对"三农"安全的新定位。为此，中央财政持续对"三农"大力度投入，公共财政实现了对"三农"领域全方位的覆盖，农村中过去由农民自己负担的一些公共基础设施和公共服务，越来越以政府尤其是中央政府的财政力量作为主要的资金渠道。由此必然派生出财政资金使用方式的创新问题。尤其是在当前经济下行、财政收入下降的压力下，财政资金通过"以奖代补""先建后补"、财政贴息、建立担保体系，通过政府与社会资本合作、政府购买服务等多种方式来撬动更多的金融资本、社会资金，来参与有回报的、准公益性的基础设施建设，参与现代农业的开发、参与农村人居环境的整治、参与水利等一些有收益的项目，"怎么样能够把财政的资金来用好，提高财政资金的使用效率，能够调动社会资金、金融资本投向'三农'，这是一篇大文章。这也将成为'三农'政策有亮点的领域"。① 另外，全国政协常委、中央农村工作领导小组原副组长陈锡文多次提到农村集体经济是关乎乡村振兴战略目标全面实现的关键问题，农村集体经济薄弱是实现乡村振兴战略的重要挑战。2014 年末，全国 58.94 万个村庄中，54.36%的村庄无集体经营性收入，22.2%的村庄集体经营性收入少于 5 万元，只能依靠财政的转移支付，村集体收入不足是目前乡村社会中存在的主要问题之一。如何在乡村振兴战略和精准扶贫战略的背景下，更好地利用外部资源撬动农村集体经济的发展，促进小农经济与现代市场的衔接，成为"三农"工作的重要问题。

近年来国家出台了一系列致力于发展和壮大农村集体经济、促进小农与现代市场衔接、加快农村"三变"的政策文件，近几年的中央一号文件和许多重要专题文件中也对此进行了大力强调（见表 1）。

表 1　2004~2018 年中央一号文件中涉及农村集体经济的内容

时间	发文单位	名称	相关内容
2003 年 12 月 31 日	中共中央、国务院	《中共中央　国务院关于促进农民增加收入若干政策的意见》	发展乡镇企业是充分利用农村各种资源和生产要素，全面发展农村经济、拓展农村内部就业空间的重要途径 引导农村集体企业改制成股份制和股份合作制等混合所有制企业，鼓励有条件的乡镇企业建立现代企业制度
2004 年 12 月 31 日	中共中央、国务院	《中共中央　国务院关于进一步加强农村工作提高农业综合生产能力若干政策的意见》	集体经济组织要增强实力，搞好服务，同其他专业合作组织一起发挥联结龙头企业和农户的桥梁和纽带作用

① 韩俊. 国家财政再困难对"三农"支持力度不会减弱 [EB/OL]. [2015-11-04]. http://www.zdwmw.cn/xinwen/r1x51104n425248606.html.

续表

时间	发文单位	名称	相关内容
2005 年 12 月 31 日	中共中央、国务院	《中共中央 国务院关于推进社会主义新农村建设的若干意见》	在继续增强农村集体组织经济实力和服务功能、发挥国家基层经济技术服务部门作用的同时，要鼓励、引导和支持农村发展各种新型的社会化服务组织
2007 年 1 月 29 日	中共中央、国务院	《中共中央 国务院关于积极发展现代农业扎实推进社会主义新农村建设的若干意见》	积极发展种养专业大户、农民专业合作组织、龙头企业和集体经济组织等各类适应现代农业发展要求的经营主体 加快推进农村集体林权制度改革，明晰林地使用权和林木所有权，放活经营权，落实处置权，继续搞好国有林区林权制度改革试点
2008 年 1 月 30 日	中共中央、国务院	《中共中央 国务院关于切实加强农业基础建设进一步促进农业发展农民增收的若干意见》	全面推进集体林权制度改革：在坚持集体林地所有权不变的前提下，将林地使用权和林木所有权落实到户
2008 年 12 月 31 日	中共中央、国务院	《中共中央 国务院关于 2009 年促进农业稳定发展农民持续增收的若干意见》	强化对土地承包经营权的物权保护，做好集体土地所有权确权登记颁证工作，将权属落实到法定行使所有权的集体组织 全面推进集体林权制度改革：用 5 年左右时间基本完成明晰产权、承包到户的集体林权制度改革任务；集体林地经营权和林木所有权已经落实到户的地方，要尽快建立健全产权交易平台，加快林地、林木流转制度建设，完善林木采伐管理制度
2009 年 12 月 31 日	中共中央、国务院	《中共中央 国务院关于加大统筹城乡发展力度进一步夯实农业农村发展基础的若干意见》	加快农村集体土地所有权、宅基地使用权、集体建设用地使用权等确权登记颁证工作，工作经费纳入财政预算；力争用 3 年时间把农村集体土地所有权证确认到每个具有所有权的农民集体经济组织 壮大农村集体经济组织实力，为农民提供多种有效服务
2011 年 2 月 1 日	中共中央、国务院	《关于加快推进农业科技创新持续增强农产品供给保障能力的若干意见》	深化集体林权制度改革，稳定林地家庭承包关系，2012 年基本完成明晰产权、承包到户的改革任务，完善相关配套政策 壮大农村集体经济，探索有效实现形式，增强集体组织对农户生产经营的服务能力

续表

时间	发文单位	名称	相关内容
2011 年 12 月 31 日	中共中央、国务院	《中共中央 国务院关于加快发展现代农业进一步增强农村发展活力的若干意见》	建立归属清晰、权能完整、流转顺畅、保护严格的农村集体产权制度，是激发农业农村发展活力的内在要求；必须健全农村集体经济组织资金资产资源管理制度，依法保障农民的土地承包经营权、宅基地使用权、集体收益分配权 因地制宜探索集体经济多种有效实现形式，不断壮大集体经济实力 鼓励具备条件的地方推进农村集体产权股份合作制改革；探索集体经济组织成员资格界定的具体办法
2013 年 1 月 19 日	中共中央、国务院	《关于全面深化农村改革加快推进农业现代化的若干意见》	推动农村集体产权股份合作制改革，保障农民集体经济组织成员权利，赋予农民对落实到户的集体资产股份占有、收益、有偿退出及抵押、担保、继承权，建立农村产权流转交易市场，加强农村集体资金、资产、资源管理，提高集体经济组织资产运营管理水平，发展壮大农村集体经济
2015 年 2 月 1 日	中共中央、国务院	《中共中央 国务院关于加大改革创新力度加快农业现代化建设的若干意见》	探索农村集体所有制有效实现形式，创新农村集体经济运行机制；出台稳步推进农村集体产权制度改革的意见；对土地等资源性资产，重点是抓紧抓实土地承包经营权确权登记颁证工作，扩大整省推进试点范围，总体上要确地到户，从严掌握确权确股不确地的范围；对非经营性资产，重点是探索有利于提高公共服务能力的集体统一运营管理有效机制；对经营性资产，重点是明晰产权归属，将资产折量化到本集体经济组织成员，发展多种形式的股份合作；开展赋予农民对集体资产股份权能改革试点，试点过程中要防止侵蚀农民利益，试点各项工作应严格限制在本集体经济组织内部 建立兼顾国家、集体、个人的土地增值收益分配机制，合理提高个人收益；完善对被征地农民合理、规范、多元保障机制；赋予符合规划和用途管制的农村集体经营性建设用地出让、租赁、入股权能，建立健全市场交易规则和服务监管机制 抓紧研究起草农村集体经济组织条例

续表

时间	发文单位	名称	相关内容
2015年12月31日	中共中央、国务院	《中共中央 国务院关于落实发展新理念加快农业现代化实现全面小康目标的若干意见》	到2020年基本完成土地等农村集体资源性资产确权登记颁证、经营性资产折股量化到本集体经济组织成员，健全非经营性资产集体统一运营管理机制；稳定农村土地承包关系，落实集体所有权，稳定农户承包权，放活土地经营权，完善"三权分置"办法，明确农村土地承包关系长久不变的具体规定 探索将财政资金投入农业农村形成的经营性资产，通过股权量化到户，让集体组织成员长期分享资产收益
2016年12月31日	中共中央、国务院	《中共中央 国务院关于深入推进农业供给侧结构性改革加快培育农业农村发展新动能的若干意见》	鼓励农村集体经济组织创办乡村旅游合作社，或与社会资本联办乡村旅游企业 对各级财政支持的各类小型项目，优先安排农村集体经济组织、农民合作组织等作为建设管护主体，强化农民参与和全程监督 抓紧研究制定农村集体经济组织相关法律，赋予农村集体经济组织法人资格；全面开展农村集体资产清产核资；稳妥有序、由点及面推进农村集体经营性资产股份合作制改革，确认成员身份，量化经营性资产，保障农民集体资产权利；从实际出发探索发展集体经济有效途径，鼓励地方开展资源变资产、资金变股金、农民变股东等改革，增强集体经济发展活力和实力；研究制定支持农村集体产权制度改革的税收政策
2018年1月2日	中共中央、国务院	《中共中央 国务院关于实施乡村振兴战略的意见》	维护村民委员会、农村集体经济组织、农村合作经济组织的特别法人地位和权利 全面开展农村集体资产清产核资、集体成员身份确认，加快推进集体经营性资产股份合作制改革；推动资源变资产、资金变股金、农民变股东，探索农村集体经济新的实现形式和运行机制 坚持农村集体产权制度改革正确方向，发挥村党组织对集体经济组织的领导核心作用，防止内部少数人控制和外部资本侵占集体资产；维护进城落户农民土地承包权、宅基地使用权、集体收益分配权，引导进城落户农民依法自愿有偿转让上述权益；研究制定农村集体经济组织法，充实农村集体产权权能

2019 年 2 月 21 日，新华社授权发布中共中央办公厅、国务院办公厅印发的《关于促进小农户和现代农业发展有机衔接的意见》，特别强调：

"发展多种形式适度规模经营，培育新型农业经营主体，是增加农民收入、提高农业竞争力的有效途径，是建设现代农业的前进方向和必由之路。但也要看到，我国人多地少，各地农业资源禀赋条件差异很大，很多丘陵山区地块零散，不是短时间内能全面实行规模化经营，也不是所有地方都能实现集中连片规模经营。当前和今后很长一个时期，小农户家庭经营将是我国农业的主要经营方式。因此，必须正确处理好发展适度规模经营和扶持小农户的关系。既要把准发展适度规模经营是农业现代化必由之路的前进方向，发挥其在现代农业建设中的引领作用，也要认清小农户家庭经营很长一段时间内是我国农业基本经营形态的国情农情，在鼓励发展多种形式适度规模经营的同时，完善针对小农户的扶持政策，加强面向小农户的社会化服务，把小农户引入现代农业发展轨道。"

宜宾市翠屏区象鼻街道方水井村六社近十多年来的发展经验，就特别能体现中央这一文件精神，值得对其发展历程进行详细的梳理，对其经验进行分析和总结。

二、案例介绍

2016 年 12 月，中共中央、国务院出台的《关于稳步推进农村集体产权制度改革的意见》，明确指出要"不断深化农村集体产权制度改革，探索农村集体所有制有效实现形式，盘活农村集体资产"，"力争用 5 年左右时间基本完成改革"。为了响应政策号召，四川省出台了《四川省关于稳步推进农村集体产权制度改革的实施意见（征求意见稿）》，也提出要通过产权改革建立符合市场经济要求的集体经济运行新机制，为集体资产保值增值、集体经济发展壮大创造条件。宜宾市是四川省农村集体产权制度改革试点市，本案例所研究的方水井村是宜宾市股改试点村。

方水井村是宜宾市翠屏区象鼻街道的一个行政村，距宜宾市中心城区仅 2 公里，位于近郊区，属于典型的城郊接合部农村。全村幅员面积 3.7 平方公里，北邻观斗山隧道出口，南邻催科山，东邻临港国家级开发区，西邻江北开发区，省道川云中路、内昆铁路穿境而过。方水井村共有 8 个村民小组，农户 815 户，总人口 2003 人，人均纯收入 13468 元。[①]

方水井六社（以下简称"六社"）是方水井村的 8 个村民小组之一，共 339 人，145 户。社内共有土地 393 亩，其中农地 20 亩，林地 32 亩，341 亩被租赁使用。2017 年全年集体收入 380 多万元，除去日常开支和流动资金，盈利 269 万余元，预留一部分集体公共开支，其余按股份分给本集体经济组织成员。

六社的发展简要历程如下：

（一）作为主背景的八次征地

六社位于宜宾市的城郊地带，又在道路主干道和火车轨道旁边，具有非常优越的区位条件。从 50 多年前开始，该社就被卷入工业化和城市化的洪流，作为村社共同体空间载体的土地不断被外部征占，倒逼该社从土地依赖型生存转向资本密集型发展。

1966~2002 年六社共经历了八次征地[②]，具体情况如下：

（1）1966 年，四川省宜宾天原化工厂[③]第一次征地，拉开了六社被征地的序幕。征用面积 16 亩。20 世纪 60 年代尚处在计划经济阶段，并无现金补偿，只是相应地减征了农业税。

（2）1970 年，四川省宜宾天原化工厂第二次征地。征用面积 10 亩。同上一次征地相同，无现金补偿，相应地减征了农业税。

（3）1982 年，四川省宜宾天原化工厂第三次征地。征用面积 32 亩。此

---

① 《方水井、观斗村志》，中国邮政集团公司"大美乡村"村史（志）项目组，2017。
② 六社出纳彭贵荣采访稿，2018 年。
③ 天原化工厂是宜宾天原集团股份有限公司的前身，属上市公司，西南最大氯碱化工企业，具有 60 多年创业发展历史，现为中国制造业企业 500 强。

次征地补偿了六社共计 40 万元的青苗损失费和人员安置费①。1983 年实行包产到户政策，40 万元均分给社员，每人分得 2000 元（当时六社有 200 人）。

（4）1984 年，川云公路征用 10 亩地，无现金补偿，相应地减征了农业税。

（5）1992 年，川粮车队征用 3 亩地，配给六社 7 个农转非指标②，3 万元青苗补助。

（6）1993 年，洗车场③征用 7.8 亩地，配给六社 20 个农转非指标，7.8 万元青苗补助。

（7）1999 年，宜宾火车北站④征用 17 亩土地，支付 17 万元青苗补助。

（8）2002 年，五粮液集团有限公司⑤征用 13 亩地，配给 20 个农转非的指标，13 万青苗补助。

经过八次征地，六社共被征用 108.8 亩土地，占全社原土地总量的 21.7%；共获得 97 个农转非指标（天原化工厂在 1992 年重新划分了 50 个指标到六社），占全社总人口的 22.2%。

虽然征地占比和户口农转非占比基本相当，都占总量的大约 1/5，但在结构上存在着不对应：由于征地单位要求获得农转非指标的工人年龄为 18~40 岁，且性别比例要求男性占 55%，女性占 45%；而土地分散的条件下，被征地的家庭不一定有符合要求的工人，有符合要求的工人的家庭则不一定被征地。为了解决这一矛盾，社委需要两边统筹：一手统筹调节农转非指标的名额和收益；一手统筹调地，对全社土地进行再分配。

---

① 我国《土地管理法》第四十七条明确规定：征收土地的补偿费用包括土地补偿费、安置补助费及地上附着物和青苗的补偿费。

② 农转非指标：农转非是一种户籍制度，不仅户籍改变了，还会到相应的单位入职工作，年龄要求为 18~45 岁。农转非的社员都要缴纳 2700 元的费用给社集体，且不能再参与每年的集体分红。

③ 洗车场现已破产倒闭，改为粮站。

④ 宜宾火车北站，距离六社的直线距离仅 800 米，隶属中国铁路成都局集团有限公司内江车务段管辖，现为三等站。

⑤ 五粮液集团有限公司，是以五粮液及其一系列酒的生产经营为主，现代制造业、现代工业包装、光电玻璃、现代物流、橡胶制品、现代制药等产业多元发展，具有深厚企业文化的特大型现代企业集团。

从第一次征地开始，六社在每次征地之后都要对社里的所有土地打散均分调地。同时，对于征地获得的农转非的指标，也是按照年龄因素等实质公平和抓阄等程序公平，尽量实现在社内各个家庭的公平分配。

20世纪90年代以来，中国社会各阶层收益差距严重拉大，各地方都存在程度不同的冲突趋势，其中很多冲突是社会上不同利益群体，特别是支配群体与被支配群体间对立的产物。六社为解决征地条件和征地补偿之间的不对称性而进行的两个再分配，客观上起到了保证社员平均分享集体土地的增值收益的效果。

集体每一次对征地收益的重新分配，都会进一步强化集体作为集体财产所有者的主体性和对集体成员的动员能力，从而为之后集体经济组织发展仓储物流等奠定了组织基础。因此，土地再分配是六社走上不同于其他村庄发展路径的基础，也是形成六社不同于其他村庄财产关系的基础。六社某社员在访谈中表示："我们社发展的关键就是这好几次的征地，集体集中了土地，统一分配，才有了之后建设仓储的事情。如果集体没有集中土地，跟其他村子一样，只是征谁家的地补偿谁，那有地但无符合农转非指标条件的家庭和不被征地的家庭的发展就会变得很困难。"

（二）发展壮大仓储业

1. 土地资源短缺压力下利用区位优势进入仓储业

农用地的大幅减少，使得单纯的农业生产难以满足六社社员的收入需求，六社很早就通过牲畜养殖等农业内部的产业结构调整来增加收入，也利用毗邻火车北站的区位优势发展了小规模的仓储业。

六社由于区位优势非常突出，从1992年开始就利用多种方式筹集资金发展仓储业。其资金来源，首先是历次征地带来的青苗补助都用来建设仓储。其次，六社社委经与镇上协商，以允许外来人有偿转为六社户籍、享有六社基础设施和公共资源为条件，一次性收取"落户"费用（六社受访人称为"卖户口"），筹集仓储建设资金。由表2可知，六社1992~1997年"卖户口"收入总计20万元。20万元在资金极度稀缺的90年代是一笔大钱，它确立了六社仓储业的起步（注：2002 年之前"卖户口"的原因是缺少资金，做六社的集体经济的原始积累用；2002 年之后，由于六社的福利好，户口大大增值，"卖户口"主要是出于各种人情原因）。①

表 2　六社"卖户口"情况　　　　单位：人，万元

年份	数量	单价	总额	原因
1992~1997	50	0.4	20	集体经济积累
2002	2	1.2	2.4	集体经济积累
2009	2	2	4	人情
2012	1	5	5	人情

1992 年六社开始修建占地 1 亩的仓储，建设资金的来源是 1992 年川粮车队征地的 3 万元青苗补助费、1993 年洗车场征地的 7.8 万元以及"卖出户口"的资金。产生的收益用来解决本社的农税提留以及为 60 岁以上的老人提供每月 20 元的补助。

2. 水资源危机下加快仓储业发展

以上历程在一般的城郊农村并不鲜见。六社特殊的做法是，21 世纪初该社集体贷款几百万元（以个人名义）大规模建设仓储设施，这在当时是极不寻常的，尤其是发生在风险厌恶型的农村。然而让这一转型真正发生的，是一个建设项目带来的水资源危机，它带来了六社仓储业继 1992 年之后的第二轮大规模修建。

20 世纪 90 年代初，六社的水源地观斗山水库晏沟滑坡，在观斗村三社与方水井村六社邻界处的水沟以每年 3 米的下滑速度造成隔断水源，1999 年宜宾火车北站建设项目则彻底阻断了六社的水源地，导致六社的农田灌溉用水十分困难。

本来，在多雨多河的三江汇合之地宜宾，人均水资源占有量是全国平

---

① 六社位于城郊接合部，一些外来务工的人有在本村落户的需求，可以就近打工。从整体上看，六社的人口有一部分农转非转出去，一部分转入，总人数变化不大。

均水平的 100 倍，在总量上并不缺水，但是由于旱雨季和作物需水季的不匹配，以及坡地蓄水困难等原因，这里和其他地方一样存在着比较严重的结构性缺水问题，水利工程对于缓解这一矛盾至关重要，大量的水库在宜宾农业生产和农村生活中发挥着重要作用。然而，宜宾火车北站的建设项目因破坏了水利设施与六社之间的径流通道，而导致六社发生严重的"工程性缺水"，自此以后水资源不足一直是方水井村农业发展的头号障碍。至今，六社生活用水来源于自来水公司的有偿供水。

对此，方水井村曾联合周边的村子联名向水利部门申请引岷江水修建提灌站，但是申请一直未被批准。有村民戏称这是城郊村的"灯下黑"现象（政府相关项目更多地向偏远贫困地区倾斜，城郊村的困难反倒无人问津）。

六社社长封正金介绍："当时为了探索发展集体经济的出路，社里开了无数次会，思来想去决定建立仓储公司。由于前期投入，公司建立初期负债累累，但几年时间里，我们就将前期投入负债全部还清，并实现给社员分红。公司平时负责仓库租金的收取和维护，货物主要存储粮食、酒类、瓷砖等；公司运行成熟之后，很多社员选择就近务工，搬运工，物流司机，物流公司老板……几年时间里，六社的人没有一人外出务工了。"

封正金是土生土长的六社人，曾于 1976 年外出当兵，荣立三等功，1983 年 1 月回到六社，1984 年开始连选连任担任社长到现在。其父亲原为六社所在乡的乡长，自身才能出色和父亲的威望让其拥有比较强大的组织动员能力，选择做仓储业也是封正金带领社委根据六社人多地少的现状做出的决定。封正金以前从事的行业是建筑业，六社仓储的图纸都是他本人所设计和绘制。

2002 年宏观经济结束此前 4 年半的慢行期，进入快车道，六社也在原有基础上加大了仓储业规模，修建了占地 3 亩的仓储，建设资金的来源是：2002 年五粮液集团征地的 13 万元的青苗补助和"卖出户口"的 2.4 万元，其余的建设资金由社委自行贷款补齐，共计 88 万元。库房租赁给五粮液的供应商和物流公司等。

2005 年该项目开始产生收益，对社员进行分红。到 2008 年共持续了 4 年，每年分红 500 元/人。

3. 利用政策机遇负债扩张

分红产生了强烈的激励和动员效果。2005 年六社社员拿到第一笔分红的时候都格外高兴，尝到了投资的甜头，也就愈发支持社集体的工作，都想如何扩大经营规模，但始终苦于建设仓储的前期投入过大。仓储产业虽然贬值率低，投资回报期长，但一次性投入大，资金成为六社仓储业发展的瓶颈。

2009 年是六社经济发展的转折之年。

在宜宾市政府、翠屏区政府、国土局、规划办等多部门联合居中协调下，宜宾翠屏区农村信用社江北支行同意给六社贷款 400 万元作为宜宾市城乡统筹一体化建设资金，用于六社修建仓储基地。正是这 400 万元的贷款帮助六社克服了资金壁垒，使其能够长期稳定获取较丰厚的仓储业收益。

但是 400 万元贷款的第一个重要作用，却不是真实的支付资金，而是"影子资本"，是作为负债的"无风险资产"。①

确悉能得到贷款之后，2008 年 11 月 10 日，六社成立宜宾市畅宏投资管理有限公司作为集体的仓储物业的运营载体，但贷款资金却因为"走流程"而一直"在路上"。2009 年六社在全体社员中以每人 2000 元的股份额度集资，共集资 50 多万元。此外，六社的社长封正金，以及社员代表彭贵荣、张强和郭道翔等六个社委用自家的房产（夫妻共同签字担保）和自身信用进行担保，以一分五的利息，每人 20 万，共从民间借贷 120 万元提前垫付建设资金。

从此六社仓储业呈加速发展之势。仅 2009 年上半年，就修建了 13700 平方米的仓库。

由于资金紧张，六社采用"边建设，边投产，边还贷"的方式，一方面尽可能赊欠建筑商的材料费，另一方面要求入驻仓储的商家预付一年的

---

① 无风险资产的扩展模型认为，以固定利率借贷资金形成的组合投资也具有无风险资产优化资产配置的功能。

租金。由于建筑工艺较好，六社的仓储基地的租金比其他的仓储基地高1/3~1/2，为 14 元/平方米·月。六社通过这样的方式分批次扩大规模，缓解了资金压力。400 万元的贷款资金虽然在 2009 年下半年才到位，但2009 年 12 月六社的仓库就开始出租，每年租金收益 200 万元。

2012 年，六社偿还完信用社的贷款，2013 年民间借贷等全部偿清。

可见，集资与民间借贷资金不仅是弥补了项目建设与信用社贷款发放之间的时间差，也在滚动发展中起到了重要的投资资本的作用。而且，村内集资的投资收益是最后一步才兑付的。2009~2014 年，从社委到全体社员，都没有从出租仓储带来的收益中得到分红，所得收益全部用来尽可能地扩大再投资。这个前所未有的高强度积累所形成的集体资产规模也是可观的，近几年六社发包出去的资产年均收益就达到 300 多万元，随着仓储资金的上涨，这一数额还在增大。

（三）内部化的收益分配与股份制创新

2014 年，继上次分红整整 6 年之后，六社成员终于又重新得到了经营集体资产带来的分红。不菲的分红回报，让六社所有的成员都甜到了心底（见表 3）。

表 3　六社集体经济组织资产经营情况　　单位：平方米，元

承包经营人	面积	开始时间	结束时间	标的金额	交付办法
二医院	510	2016 年 2 月 15 日	2019 年 2 月 15 日	85680	年付
大龙商贸有限公司	859	2015 年 10 月 20 日	2017 年 10 月 19 日	144312	季付
大龙商贸有限公司	60	2015 年 10 月 20 日	2017 年 10 月 19 日	5688	季付
四川省金品源酒业	1131	2014 年 3 月 1 日	2018 年 2 月 28 日	203580	半年付
明勋机械厂	450	2014 年 3 月 1 日	2018 年 2 月 28 日	84000	半年付
罗合聪	66	2017 年 1 月 1 日	2019 年 12 月 31 日	12000	半年付
陈国才	34	2017 年 7 月 10 日	2020 年 7 月 9 日	4800	半年付

续表

承包经营人	面积	开始时间	结束时间	标的金额	交付办法
陶相良	27	2014 年 4 月 1 日	2018 年 3 月 31 日	3120	年付
怡高模具	450	2016 年 1 月 1 日	2018 年 12 月 31 日	71000	年付
蒙宜商贸	1945	2017 年 1 月 1 日	2017 年 12 月 31 日	280080	年付
蒙宜商贸	220	2017 年 1 月 1 日	2017 年 12 月 31 日	10000	年付
成都全程德邦物流	1356	2016 年 6 月 1 日	2019 年 5 月 31 日	244080	半年付
北京国策酒业公司	1420	2013 年 5 月 25 日	2018 年 5 月 24 日	255600	季付
宜宾市南旭商贸有限公司	1710	2016 年 5 月 1 日	2018 年 9 月 30 日	246240	季付
宜宾戎惠运输有限公司	1400	2016 年 5 月 1 日	2019 年 4 月 30 日	218400	季付
宜宾戎惠运输有限公司	2700	2014 年 11 月 18 日	2017 年 11 月 17 日	443475	季付
宜宾戎惠运输有限公司	2700	2014 年 12 月 18 日	2017 年 12 月 17 日	443475	季付
国风集团福德公司	269 亩	2007 年 6 月 27 日	2036 年 6 月 26 日	540725	年付
众诚公司	32 亩	2014 年 1 月 1 日	到征用之日	150000	年付
廖世琼	220	2013 年 1 月 1 日	到征用之日	2992	年付
刘正强、吴建	4500	2014 年 1 月 1 日	2028 年 12 月 31 日	170100	年付
邹贵君	5500	2014 年 1 月 1 日	2028 年 12 月 31 日	189000	年付
合计	—	—	—	3808347	—

资料来源:《象鼻方水 6 队股份合作改革成员及股份量化（公示稿）》，截止时间为 2016 年 12 月。

六社因发展仓储和物流等产生的收益，一直在本社内部对社员进行分配。除分红外，还承担集体公共开支，这也是分配的一种方式。

在公共开支方面，社集体一直发挥着重要作用。1983 年以后六社尽管和大多数村庄一样实行了分田到户，但农民所要上缴的农业税、提留以及后来的养老保险均由社集体统一交付。从 1992 年开始，六社以集体收入为满 60 岁的老人发放生活补助，金额为 20 元/月；2014 年增加为 200 元/月，去世即取消。此外，集体也为部分社内公共设施和公共事务出资，包括建设村内公共文化设施，组织文化、文艺活动等，每年社集体的年会需花费2万~3万元经费，妇女节、重阳节等会发放礼物或买舞衣。社内置备了音箱、电视等设施，大概1000~2000元。考上重点本科的学生奖励500~600元，二本不予以奖励（就目前来看，还没有人考上重点本科，尚未奖励过）。社员农村医疗保险等均由社内统一缴纳。

在分红方面，2005~2008年社里曾有过分红，但那时候是集体统一支付成本，成本由全部社员共同承担，收益也是均等化分配。2009年集资入股，2014年之后实行按股分红。除资金外（交过2000元股金的每人有现金股2股）股权设置中每人还设了土地股2股，集体固定资产股2股，一般社员总共6股。新生或新婚的新社员没有现金股；单位倒闭的社员没有土地股和集体固定资产股，只有现金股；土地股和集体固定资产股不可继承，现金股可以继承，迁出或死亡的仍然保留。社员类别、人数和持股数如表4所示。

表4 六社社员类别、人数和股份持有情况

社员类型	人数（人）	每人持股类别和份数（股）			
		现金股	土地股	集体固定资产股	合计
普通社员	310	2	2	2	6
新生新婚社员	25	0	2	2	4
去世外迁社员	13	2	0	0	2
单位倒闭的社员	16	2	0	0	2

资料来源：《象鼻方水6队股份合作改革成员及股份量化（公示稿）》。

2014年以来的分红情况如下：除按股分红外，为了体现本社"老"社员和外来落户者之间土地初始占有上的差别，老社员比外来落户的人多分6000元，分2015年、2016年两年下发。

2014年，每股分红500元，大多数社员每人分到3000元（新落户的只有4股）。2015年，每股分红500元，大多数社员仍然每人3000元，老社员比外来落户的人多发放3000元。2016年，每股分红1000元，大多数社员每人 6000 元，老社员仍比外来落户的人多发放 3000 元。2017 年，大多数社员每人 6 股分红 8000 元。

六社社员谢泽群表示："把土地交由集体成立的公司经营，发展仓储物流产业，我们既可就近打工，又能年底分红。2017 年底，一岁多的小孙子都分到了 5000 元钱，全家 10 口人共分到七八万。"方水井村六社 2017 年集体收入总计 330 余万元，分红 267 万元，剩余部分交由集体用于再发展和各项社会事业。该社每年还给 60 岁以上老人每月发放生活费 200 元，70 岁以上老人发放 300 元，80 岁以上老人发放 400 元，社员的医疗保险也由集体经济埋单。

社集体将收益以分红的方式分给社内的社员。通过多次对增量收益进行平均分配，六社的村社理性也得到了进一步的强化，进一步提高了六社的治理水平，从而有利于在下一次发展机遇来临时发动全社社员抓住机遇，进一步发展壮大集体经济，从而进入集体经济组织的经济实力和村社理性相互促进的良性循环。其具体表现是六社集体经济需要扩大规模，因而需要社员筹资时，社员会积极参加。

(四) 对周边村社发挥产业和制度引领作用

六社集体自主完成内外部资源有效整合的发展模式，也带动了同样有区位条件的方水井村五社、七社和八社发展仓储业。这四个社都以村内股份制的方式建设了一定规模的仓储业，并对社员进行收益分配。基本情况分别介绍如下：

五社，105 户，共 229 人。该社土地于 2000 年已收回社集体统一经营管理，承包土地 236.4 亩，山林 3.6 亩，建设用地 60 亩。2003 年，流转给两个外来投资商共近 40 亩，一个投资商建设场坝占地 34 亩，2011 年之前租金为 6500 元/年，2011~2017 年为 3 万~4 万元/年，现在是 10 多万元/年；另一个投资商建仓储基地用地 5.2 亩，2011 年之前租金 3 万~4 万元/年，2011~2017 年是 6 万~7 万元/年，现在 16 万/年。此外，五社集体同样效仿六社 2010 年自建了总共 4 亩地的厂房。建设资金来源分为全社员投资和部分成员投资两类，全员投资的按户进行，3000元/户，按户分红，10000元/户·年，累计分红已有七年；部分成员投资的属于个人投资，1500元/人，分红为500元/人·年。

七社，125户，共198人。七社集体有六个门面房，做出租用，门面收入1000元/间·月，每年7.2万元。流转土地2万平方米给投资商自建仓储厂房，协议期20年，每年土地租金收入70万元。此外，将未开发荒坡流转给中铁八局下的新机场（宜宾五粮液机场）东连接线项目经理部两年半，共付30万元租金，同时该项目建设承诺为七社修建一公里宽10米、厚40厘米的公路并接通自来水和天然气。分红中，社集体占10%，用于分配给社内新生儿以及因婚嫁落户人员；90%用于股东分红。

八社，106户，共316人。1990年将土地收回集体，原来有1万平方米的土地出租给了外来经营者，1000元/亩，每五年增加10%的租金；租入者自行投资建了仓库。但是仓库老板将这些仓库抵押给别人来贷款，社员表示反对，要求收回，但这就违反了合同规定，新业主要求八社进行赔偿，退还470万元抵押款。社集体于是向社员集资。先以入股方式，1万元/股，223个社员共筹资223万元；剩下的缺口采用高息融资的方式弥补，利率1分，在村里又筹集到了将近100万元（加上入股总共320万元），从外面筹集了162万元，两种方式共筹资485万元。借贷的资金每年要支付30多万元的利息；目前偿还了55万元本金，还欠将近210万元。1万平方米的仓库分别租给了五粮液、物流等小业主，每平方米10元/月，仓库收入大概100万元/年。为了照顾股民心理，尽管还背着负债，社集体2016年仍给股民分红1000元/股，2017年分红500元/股。此外，每年的收入中，社集体会提取8万元左右用于支付仓库管理费用，并向55岁以上的妇女和60岁以上的男子发放100元/月的补助。

总体来看，五社、七社和八社仓储业的发展迟于六社，大多是以出租土地为主，即使有自建厂房进行出租，面积也较小。2017年的农村集体资金资产资源清理及成员摸底显示，五社的经营性资产为17.412万元[①]，七

[①] 《象鼻方水5队股份合作改革成员及股份量化（公示稿）》，2017。

社210万元①，八社9.08万元②，而六社为380.83万元③，大大超过其他三个社。

究其原因在于，六社在历次征地过程中集中了土地，强化了组织能力，并因此获得了400万元的政府项目贷款用来扩大仓储建设。五社、七社和八社的发展较晚，并未获得外部资金的注入，而彼时建筑成本已经较高，靠社员大规模修建土地已不现实，所以只好小范围修建（如五社）或是采用出租土地让外来投资者自行修建的方式。出租土地同出租建好的厂房的价格显然差别很大，出租土地获取的只是二产化的收益，同时，出租厂房的持久性和选择商家的决定权也会高于直接出租土地。

五社、七社和八社大都出租的是土地，客户群体是有自建厂房能力的投资商，而六社主要出租厂房，对客户的要求较低，且有集体公司统一管理。所以，二者并未形成强竞争关系。除了历史机遇造成的差别，五社、七社和八社同六社的合作共同促进了方水井仓储业的发展。比如五社出租土地给六社，六社的资产管理公司为五社、七社和八社提供部分客户源。

（五）因村制宜推进股权改革

2018年4月，六社按照中央文件要求开始推进农村集体资产股权改革试点。

资产方面，六社全社按照经营性资产、可经营资源性资产总额等额分配给成员；对于集体统一流转土地、联合经营和仓储物流所产生的效益，对全组现有在册人员335人按股份进行分配。

但是推进股改的过程也出现过村社内的既有制度安排与外部制度供给不一致的摩擦。

六社有社员认为："现在将方水井村作为产权改革试点，要求将土地确权到户，但与六社的发展道路不符，因为六社从分田到户后就一直将土

① 《象鼻方水7队股份合作改革成员及股份量化（公示稿）》，2017。
② 《象鼻方水8队股份合作改革成员及股份量化（公示稿）》，2017。
③ 《象鼻方水6队股份合作改革成员及股份量化（公示稿）》，2017。

地进行集体经营，社与个人收益都好，现在要取消其生产队社制，要改成专业合作社股份制，与其一直以来的集体发展方式相悖。"

他们还存在一些担忧："可能将集体经济确股到人，确权到人之后，以后社集体的发展就不能统一了，社集体想要集中力量办大事的难度就会增加了。目前，正处于动员阶段，推行效果并不好。"

2018年9月，中共中央、国务院印发了《乡村振兴战略规划（2018—2022年）》，指出乡村振兴应"因村制宜"，不搞"一刀切"，帮助六社摆脱了集体产权改革的僵局。截至本书发稿前，六社目前正在实施的股份设置办法及调整制度已经得到县农牧站的批准，近期将为六社颁发股权证。

三、案例分析

方水井村六社在发展的过程中，因被征地获得一批户口指标和进城工作指标，这些指标在社内的协调配给以及社内土地的重新分配，使该社集体在农村实施家庭联产承包责任制之后重新拥有了对组内最重要的资源——土地资源的配置权。之后，在外部信贷资金注入过程中，因其只能对接到集体经济组织，用于集体经济的发展而不是个人投资，避免了其他地区普遍发生的"精英俘获"，使得外部资金资源不仅进一步壮大了村社集体经济，还对社员进行了收益分配，提高了农民的财产性收入。探究方水井村六社农村集体经济的发展现状、利益分配机制、组集体经济的撬动作用，可为川南地区的集体经济发展提供经验借鉴。

关于农村集体经济，学术界主要强调三个问题：一是认为集体经济组织的法律地位不明晰；二是认为集体经济所有制产权划分不清晰；三是认为集体经济普遍经营不善，过去大量负债，现在难以承担帮助小农衔接现代产业的重任。

方水井村六社的发展经验，可以帮助澄清这些问题。

（一）外部资源撬动农村集体经济发展的逻辑路径

如图 1 所示，方水井六社利用外部的资源，征地带来的农转非指标和补偿款以及政府项目资金 400 万元的贷款，直接与六社的集体经济组织对接，集体经济组织在社内进行仓储业的经营和农转非指标的分配。在此过程中，按照年龄因素等实质公平和抓阄等程序公平，尽量实现在社内各个家庭的公平分配的方式提高了集体经济组织的自组织能力，仓储业的经营又使得集体经济收益增加，二者的交互作用大大增强了成员对集体的信任。当较强的组织基础和经济基础共同作用于农村集体经济组织时，集体经济势必又会进一步地壮大。

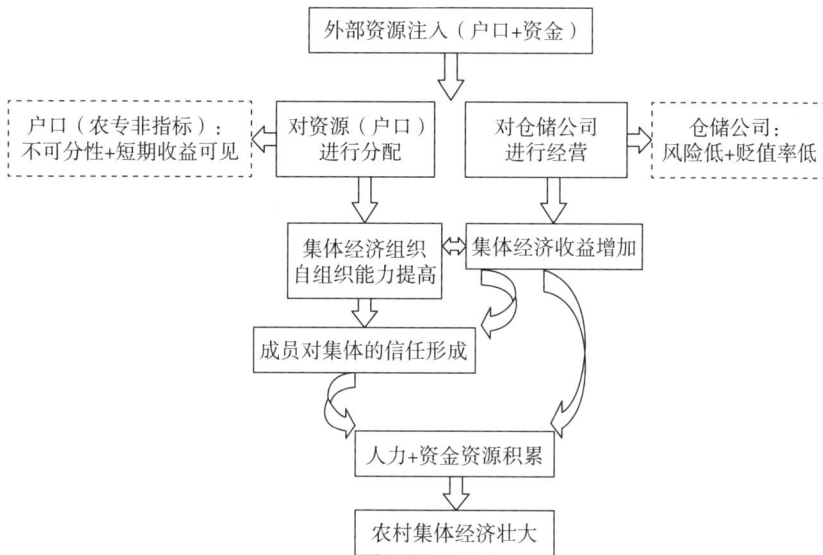

图 1　外部资源撬动农村集体经济发展的逻辑路径

（二）结合外部资源和自身优势发展壮大集体经济

对于一般农村而言，由于农业资源性资产都已经分到农户手中，集体经济几乎无任何的资产，所以集体经济受到了很大程度的削弱，解体是必然的。但方水井六社集体经济的发展道路却不同于一般的村庄，其特殊之处在于征地带来的外部资源注入集体经济，使其获得了较大的资源处置权。因农转非指标对年龄有限制的特殊性，六社对农转非指标统一分配，对土地集中管理，每征用一次土地都对社内的土地打散均分。又因"卖出户口"获得了一部分原始积累。当时是19世纪八九十年代，恰逢中国经济从复苏进入高涨期的过渡阶段，无论是资金要素还是农转非的指标，对农村来说都属于极度稀缺的要素，甚至可以以一当十地替代其他要素。在此背景下，极度稀缺的要素进入集体经济，如果集体能够利用这个机会在社内平均分配这些稀缺资源，就能有效地重构六社集体经济组织对社员的动员能力，提高六社整体的组织性，而六社集体在征地获得的利益分配方面确实是这样做的。

与此同时，仅仅依靠外部资源的注入难以形成长久的竞争力，无法获得稳定的长期收益，而方水井六社集体一开始就意识到了这点。因此，六社并没有满足于征地获得的有限的资金和农转非的指标，而是利用这些稀缺资源和六社的独特区位条件结合，实现了六社土地资源的三产化，构建了自己的仓储物流业。众所周知，发展仓储物流的收益远超作为一产的农业，而且具有收益稳定、不易贬值的优点，从而能够为集体经济带来稳定的长期收益。

（三）集体经济组织成为"农村资源价值化"的重要平台

即使有外部资源的注入，但如果外部资源要对接的主体是分散的农户（一方面分散农户与外来主体的交易成本过高，难以形成合作，另一方面常常发生租值耗散），外部注入的资源也难以发挥长期的效益。

以深圳城中村改造为例，对于没有形成强大的集体经济组织的村社，外部主体只能与分散农户打交道，交易成本非常高，改造项目进展缓慢，而且容易爆发冲突性事件。而且，最后高额的土地增值收益直接发放到村民的手中，很多被用于各类的高档消费等，满足了部分村民的短期欲望，但是对于壮大集体经济、完善村庄基础设施和公共服务、改善村庄治理等几乎没有任何作用。但对于部分成立了社区股份合作公司的村庄来说，就能通过自主协商谈判而形成单一权利主体，任何外来主体就只需要和单一的具有一致诉求的对象打交道，交易成本自然更低。更为典型的是如果股份合作公司有较强的实力，不仅能够通过内部谈判形成一致意见，降低交易成本，还可以自行开发改造，为集体和村民形成最大化的收益留存，实现集体和社区的长远可持续发展。

很明显，在方水井六社的案例中，外部主体得以直接和社集体经济组织对接，社集体经济组织发挥了"农村资源价值化"交易平台的作用，在很大程度上实现了农村集体资源的有效开发利用，极大地降低了分散小农与外部主体的交易成本，并获得了较高的议价地位，这是六社集体经济发展壮大的关键所在。

（四）内部化的产权改革提高村社理性，促进村社良治

通过产权改革提高村社理性，进而可以提高集体内部化处理外部风险的能力。村社理性是村社内部的一种具有内在结构性合约性质的理性机制。农村社区因为村和户两级共享以村社血缘和地缘关系为边界的土地产权，所以能够降低村社内部成员构建合作而产生的交易成本，并提高村社的组织能力；从而有利于村社进行各种要素的配置，并且在社会治理领域起到弱化风险、维护稳定的作用。如果能够有效地维护这种村社理性的内在机制性作用，则既可以提高农户的福祉水平，也有助于实现整体社会的稳定，并有利于乡村振兴战略的落地和推进。

在方水井六社的发展历程中，股份制的产权改革提高了六社的村社理性，进而提高了六社内部化处理外部风险的水平，并大大提高了农户的福祉水平。对于通过发展仓储物流获得的集体收益，社集体经济组织拿出部分收益用于社员福利和村庄的公共事务，包括：①1982年，分田到户以后，农民所要上缴的农业税、提留以及后来的养老保险均由社集体统一交付；②1992年，为满60岁的老人发放生活补助；③社员农村医疗保险等均由社内统一缴纳；④建设村内公共文化设施，组织文化、文艺活动；⑤妇女节、重阳

节等会发放礼物或买舞衣；⑥社内考上重点本科的学生给予奖励。

四、借鉴与启示

（一）壮大农村集体经济组织，提升基层自组织能力

党的十九大报告中提到，要"深化农村集体产权制度改革，保障农民财产权益，壮大集体经济"，习近平总书记在凤阳小岗村召开的农村改革座谈会上也明确强调，"不能把集体所有制改垮了、把集体所有权改虚了、把集体资产改没了"。同时，要"积极发展农民股份合作，壮大集体经济，赋予农民更多财产性收入"。国家以乡村振兴作为首要战略，这一战略同样不可能与分散小农直接对接。习近平总书记强调小农经济将长期存在，只能通过发展壮大集体经济，才能使亿万小农与现代市场相衔接。客观上，农村类资源的整体性也要求集体经济组织作为村庄全体成员的代表，进行整体性开发利用，对收益进行合理分配。并且只有以发展壮大集体经济组织为基础，才有可能建立村内的有效约束，才能推进乡风文明，实现有效治理。六社集体经济的壮大离不开社集体经济组织的组织基础，只有二者相互配合，才能形成社内的良性治理。

（二）以农村集体组织为平台，进行外部资源对接

要实现"生活富裕"的目标，必然会面临小农户如何与大市场进行对接的问题。需要以农村集体经济组织为平台，让村集体经济组织作为内部"资源整合者"，搭建起小农户与大市场间的桥梁。一方面，从与外部资源对接的角度考虑，以村集体这个平台与外部资源进行对接，既承担了一定的交易风险，保障了农户的权益，与散户直接与外部资源对接相比，还降低了交易成本，有利于实现规模化经营，打造村社农产品品牌，提高村集体及农户的收益。另一方面，从村集体与农户的关系而言，建立村集体这个平台与外部资源进行对接，可以集中力量办大事，有利于资本积累，从

而可以极大地发挥村集体组织的作用。在本案例中，六社的土地已于2007年收回社集体统一经营管理，因其出租仓库获得较高的三产收益，从而使该社有能力为其社员提供更好的"福利"保障。比如，社区给老人发生活补助、建设村内公共文化设施、组织文艺活动、承担社员的养老保险及农村医疗保险的费用等。

（三）确保总效益最大化，保障人民主体地位

股权固化是指将村集体的资产以股权分红的形式按一定标准分发给该集体经济组织成员。虽然，股权固化增加了农民的稳定收益，但伴之而生的问题也是不容小觑的。例如，股权固化会削弱村集体对村集体收益的控制支配权，弱化社区公共管理和社会服务功能等。基于本案例，要以村集体与农民的总效益最大化为目标，保障人民的主体地位。同时，也要不断地探索与创新因地制宜的发展方式。首先，要保障农民的利益，继续推行股权固化的试点改革，增加农民的稳定收益，但也不能一"固"到底，要留有一定的村集体收益，确保公共管理和社会服务的正常维持。其次，在股权固化的试点改革过程中，也要注重因地制宜的发展方式，不能死搬教条、局限于现有的政策，要在合法的范围内有突破、有创新。就六社而言，可以尝试在保留六社集体对资产的控制支配权，保留一定比例的集体股，确保能够集中力量做大"蛋糕"的前提下，使集体经济确股到人，增加农民的稳定收益。

（四）允许农村集体财产股权改革方案多元化试点

发展不平衡不充分仍是现阶段农村的主要矛盾，与发展的多样性相对应，农户自发形成的股权制度也是多样性的，甚至一个行政村内多个自然村之间也各有差别。因此，在推行农村集体产权制度改革的过程中，仍要正视"发展不平衡不充分"的主要矛盾，尊重历史，延续不搞"一刀切"的优良传统。同时，根据各地实际情况，允许各地农村多种产权改革方案同时试点试验，允许小范围试错。

参考文献

［1］郑也夫.代价论——一个社会学的新视角［M］.北京：生活·读书·新知三联书店，1995.

［2］董筱丹，梁汉民，区吉民，温铁军.乡村治理与国家安全的相关问题研究——新经济社会学理论视角的结构分析［J］.国家行政学院学报，2015（2）.

［3］温铁军.农村基本经济制度变迁分析［J］.农村合作经济经营管理，1999（2）.

［4］龚为纲.项目制与粮食生产的外部性治理［J］.开放时代，2015（2）.

［5］Pfeffer J and Salancilk C R. The External Control of Organizations：A Resource Dependence Perspective［M］. New York：Harper & Row，1978.

［6］Emelianoff I V. Economic Theory of Cooperation［M］. Ann Arbor：Edward Brothers，1942.

破解减贫行动"最后一公里"困局的创新探索：来自叙州区的案例启发

温铁军　马　黎　刘亚慧　陈春文

贫困问题内生于全球发展不平衡。中国自 1999 年开始强调"以人为本"，先后实施了一系列旨在推进"三大差别再平衡"的国家战略。其中，西部大开发、东北老工业基地振兴、中部崛起可以称为"区域再平衡"的三大战略；而新农村建设、乡村振兴可以称为"城乡再平衡"的国家战略；多种民生新政和精准扶贫可以称为"贫富差别再平衡"的国家战略。

很少有人注意自"以人为本"提出之后国家财政金融投资十几万亿元和近 20 年的宏观战略都具有重要的减贫意义。实际上，这些国家战略的实施极大弱化了全球化进程中沿海与内地、工业与农业、城市与农村之间的贫富差别，因此，它们与微观层面针对局部贫困地区、弱势贫困群体的减贫行动一起，共同构成了中国减贫战略的完整框架。

当前，相当一部分农村群体陷于贫困，主要是因为现金流获取能力不足。他们有一定的山、水、田、林、湖、草等生态化的自然资源，也有一定的劳动能力，但由于组织涣散、交通不便，或者资源环境等约束条件而仍然停留在传统的小农生产方式，无法靠个体努力实现生态资源的价值化从市场上获得现金收入。因此，在教育、医疗等必须以高额现金支出才能满足的需求面前成为弱势群体。

上述现象可统称为"现金流贫困"，也是减贫战略实施中的"最后一公里"。

据此，本案例介绍的叙州区的脱贫试点经验具有典型意义。

叙州经验是在宜宾市争创川南区域中心和四川省经济副中心的大背景下取得的。一是通过基础设施建设改善了小农与外部市场衔接的基础条件；二是创新性地通过财政力量撬动了银行资金，使其与农业经营主体或农户结合；三是通过涉农经营主体促进了贫困农户和现代市场的对接，或者强化了涉农经营主体与贫困农户之间在用工或农产品生产方面的经济联结机制，增加了贫困户的现金收入，从而缓解了现金流贫困。

本案例首先从宏观层面剖析了贫困的原因，指出中国微观层面减贫行动的"最后一公里"问题属于低收入群体的"现金流贫困"，之后构建了一个现金流收入模型并对叙州区的减贫实践经验进行归纳；本书认为，叙州区财政撬动金融、金融支持农企、农企带动农户的创新做法，以其契合新时代金融资本成为经济运行主导力量的趋势而具有一定的积极意义，可资其他地区借鉴。

一、案例背景

（一）中国式扶贫：制度性减贫战略

中国为世界减贫事业贡献出了"中国方案"，在世界减贫事业上做出了重大贡献。世界银行数据显示，1981~2015年，中国累计减少贫困人口7.28亿，2012~2017年，中国现行贫困标准下的农村贫困人口由9899万人减少至3046万人①。与国外民间小规模的生活救济不同，中国是在政府的主导下，举全国之力有计划、有组织、大规模地进行扶贫，充分彰显中国特色社会主义制度的优势。

值得注意的是，这是综合性的制度成果，不宜照搬国外说法简单化地就减贫而论减贫。尤其是中央2003年提出"科学发展观"以来，经过10年重大调整而于2013年正式确立"生态文明战略"，已经把包容性可持续

---

① 世界银行网站，http：//iresearch. worldbank. org/Povcal Net/pov On Demand. aspx。

长期均衡发展作为新时代的战略目标。

尽管在扶贫攻坚工作当中也有很多不足和争议，但中共十八大之后确立了 2020 年全面消除贫困的目标，代表国家意志的中央政府直接使用"看得见的手"，将资金、技术等市场条件下相对于弱势群体的稀缺要素重新配置回农村，同时也调动各种社会资源打赢脱贫攻坚战。

这些措施从微观机制看，有悖于市场经济的一般原则。但从宏观调控角度看，也有全球经济下滑的危机压力下的"逆周期调节"——化危为机的作用——既能够使贫困人口数量及其占比都有明显下降，也有效缓解了城市产业资本遭遇外需下降而引发的生产过剩危机。

中国扶贫经验之意义，应该被归纳为制度性减贫——利用"举国体制"的优势调动一切积极力量完成消除贫困的国家战略。宏观与微观相结合客观地总结这个既有远见卓识又能脚踏实地的国家经验，无疑对彰显中国特色社会主义制度的优势有重要的历史意义，对世界上其他发展中国家有明显的借鉴价值。

（二）宏观背景：贫困问题内生于全球发展不平衡

一般而言，发展中国家的贫困不是微观意义上的贫困，而是宏观的、一定历史阶段的、与制度相关的贫困，是在一定历史条件下全球资本运作产生的贫困。亦即：因为发展的阶段性导致了制度成本产生的必然性，由此而形成"制度性致贫"（Institutional Getting Poor）的概念；揭示出贫困群体具有被动性承载制度成本而致贫的特征。

面对制度收益之下的制度成本，不同国家选择了不同的道路。资本主义国家发展一方面主要是通过将发展的成本转嫁给发展中国家来缓解这一问题，从而导致了大多数发展中国家的贫困。但另一方面，即使在对外转嫁成本的制度条件下，其国内贫富差距仍然随着经济结构的高度现代化而同步增大。

中国作为一个发展中国家，既有承载外部成本的问题，也同样面临成本内部转嫁的困扰。其一，中华人民共和国成立初期利用城乡二元结构，从农村提取剩余作为城市工业的资本原始积累，伴随而来的是城乡二元结构和城乡二元差别。其二，将东部产业向西部转移，从而区域分化成为一种内在结果，使中西部欠发达区域承载了东部发达区域经济发展的成本，西部作为东部原料的来源和产品的销售地，尤其是东南地区的发达，伴随而来的则是西部地区的落后。其三，产业差别，过去主要是指工农差别，今天则主要意味着金融部门和其他部门的差别，以及新常态下金融资本和产业资本之间的矛盾，产业上的收入分配差别也可称为贫富差别。

不同之处在于，与所有只会对外转嫁矛盾的那些发达国家相比，中国是唯一依靠内部化原始积累完成工业化的大型原住民国家，并且尝试用自主创新的方式将这些不平衡内部化。

为实现城乡再平衡，中央政府于 2003 年将"三农"问题列为重中之重，2005 年提出新农村建设战略，2008 年提出"两型农业"（资源节约型和环境友好型），2013 年确立生态文明转型，2017 年提出乡村振兴战略，通过这些举措向农村基本建设和社会文化等领域大规模投资。多年来，尽管农村人口占比持续减少，但政府对"三农"建设的投入一直在财政支出中占比最高。从国家大政方针来看，城乡差别再平衡从财政公平性角度而言已经接近于实现。

为实现区域再平衡，政府提出三大战略等规划。1999 年提出西部大开发战略，2001 年提出振兴东北老工业基地战略，2003 年提出中部崛起战略，2008 年之后提出救市投资继续平衡区域差别，等等。这些大规模投资战略贯彻下去之后，若从 21 世纪初西部多个省份 GDP 增速连年快于东部来看，中国接近实现了区域发展的基本平衡。

一般情况下，三大差别中的贫富差别最难缓解。一是长期坚持市场配置资源确实提高效率的同时，也造成资源从弱势人群流出，这已经被邓小平作为总设计师所确立的市场化让"部分人先富"的改革经验所证明；任何发展中国家只要纳入自由市场经济体制，都会势所必然地发生弱势人群贫困化不可逆转的趋势。二是西方世界率先进入金融资本阶段，加剧对外转嫁制度成本，遂使全球贫富差别拉大的原因演变为"制度性致贫"

为主。

从宏观上看，中国在面对全球发展不平衡带来的内外部成本转嫁问题时，通过再平衡战略将这些成本内部化，避免了全国性贫困现象的发生。

（三）微观背景：现金流贫困

一般意义上的贫困，其实是农民的现金支付的能力不足。例如，看不起病、上不起学等现象本质上却是农民占用的资源性资产在短期内不能变现也不能提现导致的问题。因此，这并不代表农民群体绝对贫困，他们只是相对贫困。农民大多数都有一定的"山、水、田、林、湖、草"等自然资源，也有一定的劳动能力，但由于交通不便或者仍然停留在传统的小农生产方式等主客观原因，而无法从市场上变现来获得现金收入，在教育、医疗等现金支出需求面前成为低收入群体，这种现象可称为"现金流贫困"。

农民所拥有的乡野情趣、生机盎然的景色、清新宁静的空气，隐藏在青山秀水、茂林修竹之中的农舍菜田，以及鲜美可掬的各种风物食材等都是高污染环境中城市人付出高价都难以获得的财富，但这些财富在当前仍然延续着的 20 世纪遗留的"亲资本"体制下难以变现。

何况，一方面实施家庭联产承包责任制后农村资源过于分散地被占用甚至弃用，另一方面外部主体进入资源变现的交易费用过高，都阻碍着农民手里丰富的生态化资源变现。

此外，因青壮年劳动力长达 20 年大量从农村流向城市，留守农村的老人和妇女群体自我发展能力不足，依靠自己的劳动收益维生已有困难，家庭生计越来越要靠外部的现金流入才能维持，这使贫困农民生计现金化程度提高，进而必然带来贫困标准的提高。

与一般亚洲发展中国家（如印度等）普遍农业人口占比过高导致高贫困率不同，与拉美高城市化率的发展中国家（如委内瑞拉、巴西等）"空间平移、集中贫困"的非农化贫困也不同，中国恰恰是由于农业劳动力大量外流推高了农业劳动投入的机会成本，进而导致农业领域优质劳动投入不足、留守群体人力资本存量过低难以符合外部资本投资获益需求而陷入发展困境。

在以上宏、微观制度性致贫因素的作用下，中国要平衡"三大差别"带来的历史欠账——贫困问题，需各个部门和主体通力合作，合作的力度、导向和链条是否协调和畅通，都会影响扶贫的效果和群众满意度。

（四）贫困原因分析：城市流动性过剩与农村现金流贫困并存的原因是"最后一公里"困局难以破解

2008 年国际金融危机后，世界各国实施量化宽松，导致各主要货币的流动性空前增长，出现了全球流动性过剩。在全球经济失衡的诱导下，大量资金从美国流入以中国为代表的亚洲新兴经济体。流动性过剩的直接表现就是货币供给增长过快，超过正常的经济活动产生的货币需求。比如，2012~2016 年，M2（广义货币）增速显著高于名义 GDP 增速，导致流动性过剩。货币市场中的货币供给大于货币需求，导致非货币市场需求大于供给，价格上涨。

在城市流动性过剩的形势下，广大农村却呈现着大范围现金流贫困的现状，究其原因在于外部各个资源要素到达农户的"最后一公里"路径尚未打通，农村的资源难以变现，城市的过剩资金难以到达农村，二者无法实现良性的循环互动。我们首先要明确认知的是，我国农户拥有的资源总量并不少，尤其是土地资源。在中国几千年历史中农民的诉求始终在于"耕者有其田"，因此政府给农民按人平均分了地。经过三次土地革命和农村家庭承包责任制度改革，中国农民没有真正意义上的绝对贫困、赤贫，因为他们还有自己的土地，至少温饱问题是可以解决的。其次，城市资金进入农村面临过高的交易成本，农村经历了近 30 年的去组织化改革后，农民越来越以原子化的形态置身于现代市场及社会环境中，导致城市资金即使流动性过剩也难以到达农村。

中国在减贫行动中，如何破解这一城市流动性过剩与农村现金流贫困并存的矛盾中的"最后一公里"困局，则显得尤为关键。

二、叙州区减贫现状

叙州区，又名僰道，是四川省宜宾市市辖区。叙州区，原名宜宾县，经国务院、四川省政府批准，同意撤销宜宾县，设立宜宾市叙州区，并于2018年9月12日正式挂牌成立。叙州区位于四川盆地南缘，长江上游，金沙江、岷江下游，川滇两省接合部；地形南北长、东西窄，地势西南高、东北低，西部为大小凉山余脉，南部为云贵高原北坡，东北属盆中方山丘陵区。截至2018年7月，叙州区下辖2街道19镇3乡，453个村，64个社区，幅员总面积为2570平方公里，人口101万。

叙州区作为非贫困县，有4.2万贫困人口，66个贫困村的贫困人口只有1.7万人，其他2.5万贫困人口就分散在400个非贫困村。宜宾市的4个省级贫困县高县、珙县、筠连和兴文的贫困人口是叙州区的1/3，但从每年上级拨付的扶贫资金看，叙州区只能占到它们的1/3。宜宾市唯一的国家级贫困县——屏山县，贫困村比叙州区略多，贫困人口比叙州区少，而从每年上级拨付的扶贫资金看，叙州区却只能占到它的1/10。

针对叙州区整村脱贫和分散式脱贫任务都十分艰巨且财政不足的情况，叙州区先行性地分别采用多项资源协同推进整村脱贫的方式和财政撬动金融推进产业扶贫破解分散式脱贫难题的方式，在脱贫攻坚战中取得了优异的成绩。

三、"现金流引力模型"：一个探索性解释框架

经济系统是由大量经济主体参与的复杂演化系统。近年来，在研究大量的、存在强相互作用的组分组成的、远离平衡的复杂系统过程中发展起来的复杂性理论取得了很大的进展，人们自然想到应用这些理论对经济系统进行分析，开展某些经济学问题的研究，其中天体物理学是重要来源，引力模型是其中之一。

经济学研究中的引力模型是由 17 世纪 80 年代英国物理学家牛顿提出的万有引力定律衍生而来，现被广泛应用于研究产业转型、城市经济联系、投资贸易等方面。根据牛顿定律，任何物体两两之间都存在吸引力，该引力的数值大小与两个物体的质量成正比，与两个物体相互之间距离的平方成反比。美国经济学家赖利（1929）开创性地将物理学中的引力模型引入到经济研究中来，提出了著名的零售引力法则。即一个城市对于另外两个城市产生的商品零售贸易额比例，与两个城市的人口数量成正比，而与两个城市距离的平方成反比。从 20 世纪 60 年代开始，经济学家开始将引力模型运用到国际贸易研究中来。Tinbergen 等（1962）凭借对国际贸易关系的直觉，首次提出贸易引力模型。贸易引力模型揭示两国之间的贸易流量与各自的经济规模成正比，与两国之间的地理距离成反比。在此基础上该模型被不断扩展。贸易引力模型估算出的双边贸易拟合值可视为贸易潜力，实际贸易流量与贸易潜力的比值可用于衡量贸易效率。在既定条件下，贸易双方都期望在成本最小的情况下实现最大的贸易流量。这在本质上与生产函数类似，贸易潜力与生产潜力是内涵一致的经济范畴。

本案例认为，贫困村通过城乡对接增加现金流的过程，与天体之间相互吸引的过程有相似之处，因此，可以借鉴天体物理学的引力模型来构建一个探索性的解释框架对贫困的成因及减贫经验进行解释。

本案例构建的"现金流引力模型"如下：

$$G = A \times \frac{M \times m}{R^2}, \quad m = f\,(k,\ l,\ i,\ r)$$

式中，G 为现金流，A 为常数，M 为城市经济体量（体现现金支付能力），m 为农户经济潜力（体现农户的资源禀赋），R 为城乡之间的空间距离，k 为资金，l 为劳动力，i 为产业特性，r 为自然资源，m 为资本、劳动力、产业特性和自然资源的函数。

该模型认为城市和乡村两个经济体之间的单向现金流量与它们各自的经济体量成正比，与它们之间的空间距离成反比。A 为固定值，城市经济体量 M、乡村经济体量 m 和城乡距离 R 为变量。

通过该公式可知：

R越低，现金流引力越大。为此，政府在基础设施建设等方面降低城乡距离的措施可以降低R，增加城乡间的现金流，缓解现金流贫困。

M和m越高，现金流越大。为此，需要增强各自内部资本、劳动力和产业特性的契合度。在乡村具有资本稀缺的特性的状况下，如何通过合作社建设化解金融单位面对分散农户的交易成本，引导资本更多地流向乡村将是缓解现金流贫困的关键所在。

乐安村，位于宜宾市叙州区高场镇（岷江片区的水陆交通要道，距宜宾市区32公里），距离镇政府8.7公里，共有335户，1160人。该村是省级贫困村，最开始有63户贫困户，于2017年"摘帽"。其脱贫工作的第一步就是打通村镇间和村组间的道路，降低城市和乡村的距离R，增强了现金流的引力。现金流G和农户的经济潜力m以乐安村的两个贫困户为例进行说明。

贫困户A：致贫原因是房屋破旧。一直未翻修的原因是儿子在外读书，家长没有在外务工的条件，家庭内大部分的现金都用于供孩子读书。2015年进行了翻修，无用工成本，是亲戚邻居帮忙建的。建材共花费了4.5万元，其中政府对贫困户的直接补贴是1.5万元，其余的3万元对其进行贴息贷款，2018年农户A已经还完贷款的本金。房屋建好后，即自动脱贫。农户A是非常典型的现金流贫困的例子，家户内的土地、田地、鸡鸭鹅、猪和水塘的鱼等资源（r）的变现能力非常弱，农户自身（l）也不具有在外务工的能力和技术，在供孩子上学后，就没有余钱翻盖房屋。所以，当外部提供了翻盖房屋的资金，且家庭内没有大量的现金流需求后，自然就恢复到了自给自足的小农状态了。

贫困户B：致贫原因是缺技术、收入少。2015年下半年开始发展红心柚，流转了5亩耕地，其中种玉米的耕地流转了2亩，每亩400元。种稻田的耕地流转了3亩，每亩500元。流转费每年总计2300元。在红心柚合作社打工，8小时算一天，一天挣50元。夫妻俩一年，在红心柚合作社务工能挣3000元，收入提高后脱贫。农户B是除了自家经营土地，获得了在其他产业（i）打工的机会，提高了现金流的引力（G）。

四、多项资源协同推进整村减贫：以乐安村为例

作为地理位置偏僻的省级贫困村，乐安村享有对口帮扶的政策支持，成立了专门的6人驻村工作队，工作队成员有市政协秘书处、市农业检测中心、县委常委、县总工会、县经济商务科技局、县直机关委的各中高层干部。该政策带来了资金、人力、体制内项目等多项资源，协同推进乐安村的整村减贫工作。帮扶部门和贫困村在对口帮扶政策下建立了较深的联系，二者的关系十分紧密，部门内资源会向乐安村倾斜。其中，驻村干部是十分关键的资源，他们具有较高的素质，无论是工作经验还是社会阅历都非常丰富，往往自身也带有一定的人脉资源。例如，针对村内养羊产业滞销问题，从2016年开始驻村干部请来自己的亲朋好友，陆续举办了四次烤羊节，把散户的上百只羊消耗完。原本羊的市场价是13元每斤，而通过历次烤羊节，外面的消费者知道了乐安村的羊更好吃了，并且已经做出了口碑，现在村里的羊可以卖到16元每斤。

乐安村在外部多项资源共同帮扶下，通过基础设施的完善，改善了小农与外部市场衔接的基础条件，缩短了城乡的空间、市场和资源距离。在此基础上，发展茵红李种植和养羊、养兔等养殖产业，顺利实现了脱贫摘帽。具体过程是：

（1）第一步：打通公路。这是对乐安村而言最为关键的一步。村子以前环境恶劣，交通极为不便，去哪儿都需要穿筒靴，早上出去一趟回来天都全黑了。除了可行走的人，外面的资源进不来，乐安村的资源也出不去。对此，政府将老百姓自发修的3.1公里主路黑化，并硬化了每家每户门口到主路的一米宽的小路。

（2）第二步：修建用水设施。乐安村虽然位于多雨的南方，年总降水量1001.8毫米，但同作物的需水时期结构性不平衡。为此，共挖了22口水窖，供全村人共同使用，解决了生活用水问题；共修了16个蓄水池，基

本解决了生产用水问题。

（3）第三步：发展产业。短期行动是让贫困户散养鸡。养鸡对现金流、人力和技术等的要求较低，也较为容易见到短期收益。

中期行动是扶持养羊合作社，并申请了一定的补助带动农户养羊，采用"合作社+农户"模式，合作社为农户提供技术扶持，合作社把羊寄养给贫困户，等母羊下了小羊，小羊归贫困户，大羊归还合作社。2016年行情不好，每斤6~7元，行情好的时候每斤10元。

长期行动。一是建设鸽子基地，鸽子基地的总资产是200万元，村民占50%，贫困户占30%，10万元的种子入股和10万元的技术入股。50万元周转资金即政府拨的产业周转金，用户愿意入股的，可以申请1万元放到合作社入股。入股后，通过开村民大会，脱贫的股份可以转给新被确认为贫困户的人。二是扶持养殖基地每年出5万~6万只兔子，带动贫困户务工。三是因两江旅游环线的打造，种植了20亩茵红李。四是引进福建的红心柚。种植800亩，采用公司化管理，老百姓以土地入股，公司占三成，村集体占一成，种子、肥料等占三成，公司管理占三成。但目前，红心柚的厂商已经跑路了，红心柚种植投资大，对现金的需求高，且破坏了以前的种植作物，风险较高。这给我们的启示是，贫困村具有弱质性，不适宜大规模发展本土市场之外的产业。

（4）第四步：村庄良治。一是清退思想上不积极和行动上消极的干部，鼓励村上仅有不多的年轻人向组织靠拢，吸纳到村两委班子，以保证队伍后续有人。二是村两委要做好政策的宣讲员，让老百姓对国家政策有所了解。三是对乡风文明的正确引导，开展三勤教育，请乡贤讲乡风文明，并对红白喜事进行规范。

村里自从2015年开展脱贫工作以来，非贫困户和贫困户的收入都基本翻番。因为有了产业，可在村内打工。此外，鼓励种植和养殖，养鸡和养鸭每一只都会补贴5元，养猪补贴900元，养羊补贴900元，一亩地的鱼塘补贴1000元，每户可获得补贴3000~4000元。

五、财政撬动金融，推进产业扶贫——以叙州区财政局为例

（一）农业直补改为间接补贴与减贫补贴的现实转型要求

2015 年中央一号文件提出，要逐步扩大"绿箱"① 支持政策实施规模和范围，调整改进"黄箱"② 支持政策。"黄箱政策"是可以直接补贴到农业生产过程中的补贴政策，会对农产品市场造成直接明显的扭转性影响。传统的补贴政策继续推行将违背中国加入 WTO 时的承诺，也就迫使财政转变对农业的扶持方式，以农业担保等基金资助形式对农业进行扶持。

为此，国家成立了国家农业信贷担保联盟有限责任公司，截至 2018 年 3 月底，全国 33 个省、自治区、直辖市、计划单列市均已成立省级农担公司，并以分公司、办事处形式为主，设立了 431 个市县级分支机构，业务范围覆盖 590 多个主要农业县，占 1142 个主要农业县的 50% 以上。③ 以担保等间接补贴农业的方式代替直接补贴的方式是履行入世承诺的现实需求。与此同时，单纯地对贫困户输血式扶贫的效果较差，易返贫。改输血式扶贫变造血式扶贫，也要求扶贫资金通过产业等方式对贫困户间接进行补贴。

（二）财政撬动金融的操作机制

叙州区在贫困人口多、贫困户分散、上级拨付资金少的情况下，创新地以财政资金撬动了金融资金，发挥了稳健的扶贫效应。

---

① WTO《农业协议》界定了"绿箱"措施是指政府在执行某项农业计划时，其费用应通过公共基金资助，而不是从消费者身上转移而来，没有或仅有最微小的贸易扭曲作用，对生产的影响很小的支持措施，以及不具有给生产者提供价格支持作用的补贴措施。

② WTO《农业协议》界定了"黄色"政策所包括的范围：价格支持，营销贷款，面积补贴，牲畜数量补贴，种子、肥料、灌溉等投入补贴，某些有补贴的贷款计划。

③ 国家农业信贷担保联盟有限责任公司官网，http://guojianongdan.cn/about/index.html。

2016 年 12 月，叙州区政府以 1600 万元的种粮大户补贴资金、2000 万元的县本级建立的分险金和 6400 万元的县本级财政一般资金，共 1 亿元的资金，成立宜宾县①农业融资担保有限责任公司（以下简称"县农担"）。县农担和四川省农业信贷担保有限公司（以下简称"省农担"）合作，共同为种养大户、家庭农场、农民专业合作社、农业社会化服务组织、农业企业等农业经营主体担保，从金江农商银行、农业银行叙州区支行、邮储银行叙州区支行及叙州区兴宜村镇银行四家银行获取贷款，仅限设备购置、厂房建设、日常周转等与农业生产、经营相关的环节使用。

总担保贷款额度 17 亿元，贷款主体与叙州区内建档立卡贫困户建立利益联结机制方可申请贷款，具体的贷款额度根据其承担的贫困户数量确定，如每联结 1 人户贫困户最高可申请 4 万元贷款、每联结 2 人户贫困户最高可申请 7 万元贷款、每联结 3 人及其以上贫困户最高可申请 10 万元贷款，累加计算，但单户（个）主体融资额度原则上控制在 10 万～200 万元，贷款最长期限为三年。融资成本由合作的银行提供，但贷款利率上浮比例不超过人民银行同期同档次基准利率的 50%。县农担公司按 0.5%/年标准一次性收取担保费，综合融资成本控制在担保（贷款）额度的 7%/年以内。如果贷款主体到期不还，则省农担、区农担、银行三方按照 40%、30%、30% 的比例一同分担风险。如果贷款主体通过土地租入、提供临时性岗位、收购农产品等形式对贫困户的利益帮扶（按 1/3②折算），不低于当年应付利息的 50%，政府将通过贴息、贴担保费、续贷过桥等政策，进一步降低其融资成本（具体的计算规则见专栏 1）。

---

① 叙州区原为宜宾县，2018 年 9 月更名。

② 考虑到贫困户的收入，如在专业合作社的务工收入、将农产品卖给农业企业获得的销售收入等，大部分为农户的劳动所得，故将其中的 1/3 认定为贷款主体的帮扶效益。

专栏1　县农担公司的担保及贴息规则

假设 A 专合社联结了甲、乙、丙三户贫困户。其中：甲家庭人口 1 人，乙家庭人口 2 人，丙家庭人口 4 人。A 专合社通过农担公司担保实际向银行融资 20 万元，借款日期为×年 3 月 1 日，还款日期为同年 11 月 30 日。假定人民银行公布的同期同档次人民币贷款基准年利率为 4.4%。当年 A 专合社对三户贫困户的利益联结帮扶情况为：付给甲务工工资 5000 元，土地租金 1000 元；付给丙生猪收购款 8000 元，年终困难慰问帮扶资金 1000 元；未付给乙任何费用。

（1）农担公司可给 A 专合社提供的最高担保额度为：4（甲）+7（乙）+ 10（丙）= 21 万元。

（2）×年度对 A 专合社的最高贴息额为：20 万元（A 专合社实际用款额度）×9（用款时间：9 个月）×4.4%/12（月贴息利率）= 6600 元。

（3）×年度对 A 专合社的实际贴息金额为：

1）分别计算 A 专合社对贫困户帮扶利益。

甲 =（5000+1000）×1/3 = 2000 元；乙 = 0 元；丙 =（8000+1000）× 1/3 = 3000 元。

因 A 专合社对三户贫困户利益联结担保贷款最高贴息额分别为：甲 = 40000×4.4% = 1760 元，乙 = 70000×4.4% = 3080 元，丙 = 100000×4.4% = 4400 元；所以，其对甲、乙、丙的帮扶利益分别按 1760 元、0 元、3000 元计算。

2）合并计算 A 专合社对全部贫困户帮扶利益。

全部贫困户帮扶利益 = 甲+乙+丙 = 1760+0+3000 = 4760（元）

3）因×年度对 A 专合社的贴息限额 6600 元×50% = 3300 元<4760 元< 6600 元，所以×年度对 A 专合社的实际贴息金额为 4760 元。相应地，如果对全部贫困户帮扶利益小于 3300 元，则不贴息，并将 A 专合社纳入农业担保和政策扶持黑名单；如果帮扶利益大于 6600 元，贴息金额为其实际

应付的利益金融 6600 元。

资料来源：宜宾市叙州区财金互动助推脱贫攻坚信贷担保试点政策宣传简介，写作中有所删减。

2017 年 7 月，区农担公司开始为种养大户、家庭农场、农民专业合作社、农业社会化服务组织、农业企业等农业经营主体担保贷款。截至 2018 年 10 月，叙州区已为 177 户融资主体授信担保贷款 10678 万元，实际放款 149 户 9306 万元（其中：种植业 68 户 4938 万元、养殖业 75 户 3688 万元、其他 6 户 680 万元，户均约 62.5 万元），融资主体已利益联结贫困户 1105 户 4018 人，各乡镇发放扶贫小额贷款 3831 户 9825 万元。

1. 推动农企对接贫困户：以绿野农业开发有限责任公司为例

2017 年，绿野公司在叙州区财金互动项目的支持下，从中国农业银行叙州区支行以 7.2% 的利息贷款 200 万元。相应地，公司分别通过收购农副产品（猪、鸡、大米）帮扶 6 户、雇工的形式帮扶 8 户、收购茶叶的形式帮扶 6 户，共帮扶 20 户贫困户。

专栏 2　绿野农业开发有限责任公司

宜宾县绿野农业开发有限责任公司成立于 2010 年，注册资本 1000 万元，主要经营茶园种植、茶叶生产加工、产品销售等业务。

其中，贴牌生产是公司的主营业务之一，每年干茶产量约 40 吨。通常，贴牌商先预付 20%~30% 的订金，交货以后再支付剩下的金额，但公司向茶农收购鲜叶时需支付全部现金。因此，公司现金流压力大，一般需要 300 万~500 万元的流动资金。

资料来源：绿野农业开发有限责任公司访谈，2018 年 9 月 27 日。

---

2. 推动合作社对接贫困户：以自然香茉莉花合作社为例

2017 年 11 月，合作社通过财金互动项目从银行贷款 100 万元，由农担公司给银行做担保，银行按照 7% 的年利率贷款给合作社，合作社与贫困户形成利益联结机制，带动农户增收，达到一定的金额，财政局提供财金互动补贴，按照 4.5% 的利息给银行，合作社只需付 2.5% 的利息，满一年之后合作社还银行贷款，还了之后可继续从银行贷款。

在财金互动项目之前，合作社没有固定资产，无法从银行贷款。借款形式只能是民间贷款，利息不等，为 10%~20%。合作社之前共贷款 50 万~60 万元，一年需付 12 万~13 万元的利息。在财金互动项目进来之后，合作社用银行的贷款把民间的借贷还上，其他贷款资金主要用于购买设备和发展基地。

专栏 3　自然香茉莉花合作社

宜宾自然香茉莉花合作社成员共 300 多户，合作土地面积有 600 亩。合作社是顶心坝公司的一个基地，与公司的合作是"公司+合作社+农户"的模式。顶心坝茶业公司为合作社包销，目前合作社达到产销平衡，销售市场是在当地，主要销往四川成都、宜宾、内江。

在茶叶种植方面，合作社收购茉莉花鲜花，包括合作社和外面农户自己种的，只要符合合作社的生物防控要求，合作社都会收购。合作社一年可收购 100 万斤鲜花，3 斤多鲜花做一斤干茶。

在茶叶加工方面，一年加工 6 万~7 万斤干茶。同时合作社也有面对外来茶商的加工业务，一斤干茶收取 2 元加工费，合作社可获得 0.5~0.6 元的毛利润。因为机械化分拣，人工打包，外来茶商自己来帮忙干活，几乎不需要雇用劳动力。

在茶叶销售方面，合作社提取加工费的 10% 作为利润把干茶卖给顶心坝公司（销售价格=鲜花收购价+加工费+加工费×10%）。

资料来源：自然香茉莉花合作社访谈，2018 年 9 月 27 日。

对此，笔者引用的案例经验表明，应该通过政府多部门配合、财政投入、担保等宏观手段作用于金融机构对接村域合作社，才能带动农村贫困户脱贫。

（三）财政撬动金融推进产业扶贫的五方共赢效应

叙州区在缓解现金流贫困方面创新地打通了财政、金融、经营主体和农户的交易链条，取得了较好的效果，对各个主体都产生了积极的效应，具体而言：

对于政府而言，一是通过财政贴息，发挥了财政资金"四两拨千斤"的作用，减轻了政府财政投入的压力。同时，通过银担分险和扶持优质客户，降低了信贷风险，缓解了"三农"领域的融资难、融资贵问题。二是通过财金互动增强经营主体的社会责任感，消除了贫困户对发展产业的顾虑。经营主体利用自身的生产管理技术、销售渠道解决了贫困户最缺乏、最担心的技术和销路问题，更为关键的是经营主体就在贫困户身边，贫困户生产发展过程中有问题的时候也更方便经营主体对他们进行学习指导，贫困户也更乐于接受。

对于农担公司而言，一是省农担公司可以依托县、乡政府及其业务部门，开展对融资主体的项目储备、申报初审、保后监管及贷款催收等业务的辅助工作，减轻了省农担公司日常业务工作量和完成发放保额的任务量。二是以前农担公司需要承担90%的风险，财金互助项目实施后，区农担有区政府注入的风险资金，省、市农担有国家和地方财政注入的资金，且承担风险分别是40%和30%，农担的担保能力得到了提升。

对于银行而言，一是解决因农业经营主体抵质押物不足而造成的惜贷问题。二是县政府和省农担公司将协助合作银行共同追偿，信贷损失金额银行只承担30%，省农担分担30%、县财政分担40%，降低了金融机构的风险敞口。三是选择优质的经营主体联结贫困户，并要求贫困户所贷资金用于经营主体指导下的产业发展（如购买幼苗、幼仔等），实现贫困户扶贫小额信贷资金合规回流；同时，经营主体通过提供就业、订单收购等方式，保证了贫困户的回报收益，提高了贫困户的还贷能力。

对于经营主体而言，一是通过省农担公司的增信功能，让经营主体顺利达到金融机构的贷款准入门槛或获得更多的授信额度，获得最低2.4%

年利息（享受贴息贴保费后）的低成本贷款。二是以贫困户代耕、代种、代养等方式，减少了经营主体在土地流转等方面的支出和投入。

对于贫困户而言，一是通过提供就业、订单收购农产品、土地流转、代耕代种、参与农业产业项目等多种形式，增加了贫困户收入。二是通过经营主体帮扶贫困户，解决了贫困户发展无信息、无技术、无市场、无资金等问题，贫困户通过参与产业发展和产业发展的帮扶，共享了产业发展成果，形成了依托产业增收脱贫的长效机制。

六、经验与启示

（一）整合多项资源，破解"现金流贫困"困局

2017年6月，国务院扶贫办根据《中国农村扶贫开发纲要（2011～2020年）》精神，按照"集中连片、突出重点、全国统筹、区划完整"的原则，在全国划分了11个集中连片特殊困难地区，加上已明确实施特殊扶持政策的西藏、四省藏区、新疆南疆三地州，共14个片区680个县作为新阶段扶贫攻坚的主战场，这些地区实际整合涉农财政资金超过3000亿元。

正是区域性的扶贫开发以及对贫困县、贫困村的项目投资，极大地改变了贫困地区的基础设施条件，缩短了城市和乡村的可及距离，增强了现金流引力，提高了贫困地区农民的生产生活水平，增加了农民的收入，快速减少了农村贫困人口的数量。

叙州区的做法，不仅响应了国家的扶贫政策，更根据自身实际情况，整合了多项资源、调动了多个主体的积极性。一是通过基础设施建设改善了小农与外部市场衔接的基础条件；二是创新性地通过财政力量撬动了银行资金，使其与农业经营主体或农户结合；三是通过涉农经营主体促进了贫困农户和现代市场的对接，或者强化了涉农经营主体与贫困农户之间在用工或农产品生产方面的经济联结机制，增加了贫困户的现金收入，从而

缓解了现金流贫困。

（二）发挥农担公司撬动金融的作用，活化农村的多样性资源

1. 探索农担与农村集体经济的对接机制，提高农民的主体地位

笔者在实地调研中发现，叙州区与贫困户达成利益联结的更多的是生产经营主体，因集体经济实力较差，目前尚未与农村集体经济组织达成利益联结。然而从长远来看，为了惠及更多非贫困户，提高农民主体地位，可建立农担与农村集体经济对接的机制。目前叙州区已基本完成农村集体经济改革和股权量化，有村级的体制框架基础。但农村集体经济组织的入股多是固定资产形式，以现金形式入股的较少或资金量级较小。

通过农担公司的担保撬动更多政府和社会资金投入到农村集体经济组织中。具体操作上：通过农担对集体经济组织担保可将国家财政直接补助、各部门涉农项目经费和社会资金以"专项资金"名目注入集体经济组织，形成集体经济组织的财产，再按比例或资产性质分为集体股（优先股）和成员股（普通股）。其中成员股按照参与本村集体劳动的年份平均量化（或者差异量化）到村民股东，村集体参股合作社的资产则按照剩余盈余按比例分配。一方面，财政投入到农村的可变资金产生的收益可以在集体内部分配，避免精英俘获；另一方面，财政资金投入可以充实壮大村集体经济实力。村民与村集体形成紧密的财产关系，进而形成紧密的社会治理关系。

2. 探索农担撬动农村多样资源的机制，促进农村一、二、三产融合

国内推进工业供给侧结构性改革在城市表现为去杠杆。内因在于城市三大资本全面过剩，迫切需要寻找被资本化的资源标的。城市资本下乡已经成为无法阻挡的趋势，这也在客观上有助于扭转农村长期以来资金要素净流出的趋势。相对而言，农业供给侧改革针对的只是农业在第一产业领域的过剩。如果转变传统的农业一产化思维，按照中央一号文件关于农村一、二、三产融合发展的要求推进农村资源三产化开发，那么，在乡村大量生态和文化资源还处于"沉睡"状态的情况下，农业供给侧改革带动乡

村资源价值化实现，则应该是一个加杠杆的过程。

在此形势下，农担在发挥发展一产的作用之外，可进一步发展二产和三产，促进农村三产融合。以农担对资金的加杠杆力量，对农村多样性的资源综合开发，撬动乡村文化和生态资源"觉醒"，为三产融合提供资金后盾。

参考文献

［1］董筱丹，温铁军. 致贫的制度经济学研究：制度成本与制度收益的不对称性分析［J］. 经济理论与经济管理，2011（1）：50-58.

［2］温铁军. 全球资本化与制度性致贫［J］. 中国农业大学学报，2012（3）：15-27.

［3］Gross L, Friedmann W, Tinbergen J, et al. Shaping the World Economy: Suggestions for an International Economic Policy［J］. American Journal of International Law，1964，58（2）.

南溪区文体中心场馆改建：引入 PPP 模式

涂永红　周梓楠

一、南溪区文体中心改建及面临的难题

（一）城市经济运行概况

1. 宜宾市经济运行概况

四川省宜宾市地处川、滇、黔三省交界，在地理位置与自然资源方面独具优势。宜宾市辖三区七县，有两千多年建城史、四千多年酿酒史，是国家历史文化名城，是世界名酒"五粮液"的故乡。在漫长的历史进程中，宜宾形成了具有本地区古老民族特色的酒文化、竹文化、茶文化及川南民俗风情，散发出独特的魅力。

近年来，宜宾市紧扣经济发展稳增长，实现了发展速度和质量的"双提升"。2018 年，宜宾 GDP 首次突破两千亿元，达到 2026 亿元，总量居四川省第四位；实际 GDP 增速为 9.2%，居四川省第二位。供给侧、需求端、收入增长和深化改革之间的协调发展，是宜宾市经济发展增速加快的重要驱动力。为响应四川省下发的《川南经济区"十三五"发展规划》，宜宾市人民政府确立了"加快推进宜宾市创建四川省经济副中心，建成长江生态第一城、长江上游区域中心城市、全国性综合交通枢纽和四川南向开放枢纽门户"的经济发展目标。

2. 南溪区经济运行概况

南溪区是宜宾市的主城区，地处宜宾、泸州、自贡川南三市交会腹心地带，历史悠久、人文荟萃，拥有 1500 多年建城史，沿江而立，古城文化、码头文化、移民文化、儒学文化、宗教文化等文旅资源独具特色，异彩纷呈，文化底蕴深厚，被评为全国最美文化休闲旅游名区。南溪古街结合了当地厚重历史人物文化与地方特色产品，展现了南溪特有的"水、古"两大自然生态优势，是南溪文化建设的典型代表。

近年来，南溪区全面贯彻"创新、协调、绿色、开放、共享"的发展理念，围绕"宜宾城市的副中心、绿色发展的示范区、转型发展的试验区、创新发展的先行区"的功能定位，实施"城乡一体、产城互动、以业兴区"的发展战略，经济呈现出稳中有进、稳中提质的良好态势。2017 年，南溪区 GDP 为 130.06 亿元，增长 9.0%；一般公共预算收入总量位居宜宾市前三，全社会固定资产投资增长 12.1%，成功站稳百亿台阶。南溪区紧扣做优城市，积极打造城市品牌，形成商务会展赛事、教育文化医疗、旅游度假康养三大城市产业和绿色食品、生物医药和医疗器械、特色轻工三大工业产业集群，同时整合"大城管"职能，市场化运营市政公共设施，区县综合竞争力跃升至四川省前 70 位，进入川南领先行列。

（二）南溪区重视文化建设

党的十八大以来，党中央、国务院提出文化强国建设任务，制定了"到 2020 年，要在全国基本建成现代公共文化服务体系"的任务目标。党的十九大报告明确指出，要推动文化事业和文化产业发展，完善公共文化服务体系，实施文化惠民工程，丰富群众性文化活动，加快推进体育强国建设。文化基础设施是公众进行文化生活的重要场所和物质基础，其发展水平对人民群众文化生活的各个方面都有很大影响，是社会全面发展的客观反映。在政策导向方面，《关于加快构建现代公共文化服务体系的意见》《关于做好政府向社会力量购买公共文化服务工作的意见》等文件为全国文化事业发展、引导社会力量参与文化供给提供了有力的制度保障。

步入经济发展新阶段，南溪区依托其特质鲜明的文化优势，树立"大文化、大产业、大发展"理念，将文化产业作为创新驱动、加快转型的重要抓手，深入实施"文化强区"战略，以延续城市文脉、彰显城市个性为切入点，助推城市规划和建设，实现城市功能与个性的和谐统一。在推动文化产业发展壮大、打造文化产业新高地的过程中，公共文化服务体系和文化供给体系的建设是南溪尤为重视的部分。近年来，南溪区着力发展多元化的文化供给主体，多措并举撬动社会力量构建现代公共文化服务体系，满足人民群众不断提高的精神文化生活需求，紧紧围绕"抓文化就是抓发展、强民生、促和谐"的理念，始终把文化建设摆在突出的战略位置，大力实施文化振兴工程，塑造"文化南溪"形象，展现南溪文化风采。

南溪区文化体育中心场馆是南溪区委、区政府着力建造的公共文化基础设施。首先，文体中心可为南溪区市民提供更为舒适、专业化的休闲娱乐健身空间，能极大地满足人民群众日益增长的精神文化需求；其次，文体中心将与南溪古街、文化创意动漫产业园、滨江湿地景观等相互交融，形成公共文化活动空间，进一步增强公共文化服务的产业支撑力；最后，文体中心可以为南溪区在赛事活动举办方面提供更大的平台，同时为城市经济的发展提供更大的空间。毫无疑问，文体中心改建对提升滨江新城生活品质、集聚人气具有重大意义，是打造区域性文化名片、推动南溪城市经济发展的重要抓手。

(三) 南溪区文体中心改建面临的难题

南溪区文化体育中心场馆位于滨江新区的核心区域，总占地面积 122 亩，包括体育综合馆、游泳馆、训练馆、游泳热身馆、文化馆、图书馆、演播大厅、科技馆、博物馆、书吧、青少年活动中心、室外运动场等，是承办省、市级体育赛事举办会展商贸活动的理想场所，同时也是市民活动健身休闲的集中区域。南溪区于 2012 年初通过 BT① 模式启动建筑主体、外部装饰及室外附属设施建设，总投资约 3.5 亿元。

主体工程竣工后，文体中心场馆距离投入使用还差"最后一公里"，这当中存在两个主要难题。一方面是融资问题，文体中心主体修建完成后，要将场馆投入使用，还需进行内部装修和设备安装，而这部分需要约 6000 万元的资金支持。面对巨大的资金需求，如何进行融资，采用何种模式实施内部装修是南溪区亟待解决的问题。另一方面，如果继续采用 BT 模式，文体中心装修竣工后将面临后续的运营管理问题，这也是第二个主要难点。对于文体中心场馆项目，工程竣工只是项目开展的第一大步，后期的运营管理是否良好、是否有效，是决定文体中心项目能否充分发挥其作用、取得社会效益与经济效益的重要因素。按照传统模式，政府项目在建设完成后通常交由事业单位或国有企业运营管理，但这种模式存在政府专业经验不足、管理能力较弱等弊端，不利于文体中心的后续发展。因此，如何更好地经营文体中心场馆，以满足多元化的文化需求，也是本项目中南溪区面临的主要问题。

二、为什么选择 PPP 模式

早在 2012 年初，南溪区政府便通过 BT 模式启动文体中心建筑主体、外部装饰及室外附属设施的建设工程。竣工后，面对接下来的场馆内部装修和设备安装，南溪区政府进行了一番考量。传统办法便是政府出具相应方案，将文体中心的后续装修委托给施工单位进行，但这样不仅会增加政府债务压力，文体中心的后续运营管理也成问题。另一个方案便是 PPP 模式，即将装修工程交予合作的社会资本打造，同时由社会资本负责场馆的后续运营与维护，实现建设和运营一体化操作。2014 年是我国推动新一轮 PPP 改革的一年，自 2014 年 9 月起，国家财政部、国家发展改革委员会陆

---

① BT 是英文 Build 和 Transfer 的缩写，即建设—移交，是政府利用非政府资金来进行非经营性基础设施建设项目的一种融资模式。

续下发了关于推广 PPP 模式的指导文件，为各地政府开展基础设施建设提供了新思路。南溪区政府紧跟国家政策，通过积极开展 PPP 模式的学习培训认识到：引入社会资本不仅可以减轻政府债务，还能借助其运营管理能力实现场馆的市场化运作。因此，南溪区政府决定先行先试，大胆探索，采用 PPP 模式进行文体中心改建。

（一）深化投融资体制改革的必要性

1. 宏观政策环境日渐趋紧

自 2012 年党的十八大以来，中国经济进入新常态发展阶段，经济发展方式和增长动力发生巨大变化。为保证经济具备持续稳定的增长动能，我国积极推进供给侧结构性改革，这其中的重要内容之一即"去杠杆"，即降低地方政府和企业负债率，防范化解重大金融风险。2014 年，在"建立全面规范、公开透明的现代预算制度"和"调整中央和地方政府间财政关系，建立事权和支出责任相适应的制度"两大目标的指引下，中央政府陆续进行了规范地方政府债务管理和投融资行为的政策布局，宏观政策环境日渐收紧。2014 年 4 月，国家发展改革委员会《关于 2014 年深化经济体制改革重点任务的意见》规范政府举债融资制度，开明渠、堵暗道，建立以政府债券为主体的地方政府举债融资机制，剥离融资平台公司政府融资职能。同年 8 月生效的新《预算法》对地方政府债务管理作出明确规定，约束了地方政府举债融资行为。2014 年 10 月，国务院 43 号文明确规定"政府债务不得通过企业举借，剥离融资平台公司政府融资职能"。在宏观政策环境收紧的背景下，宜宾市在过去发展当地经济中所形成的传统投融资体系以及投融资模式受到了极大限制，亟须进行投融资体制改革。

2. 地方政府财政压力增大

我国地方政府承担着促进地方经济发展、推动城市基础设施建设和改造的职能，在经济稳步运行、城镇化步伐加快的背景下，地方政府在提供公共服务和城市化发展方面的投资压力增加。随着我国经济进入新常态，各级政府财政收入增速放缓，难以承担高额的城市建设支出，收入与支出不匹配给地方政府财政造成了巨大压力。与此同时，《预算法》《担保法》《贷款通则》等法律制度对地方政府举债融资、贷款担保和银行借款行为加以规范，政府融资渠道变窄。引入社会资本参与公共基础设施建设是创新投融资机制的重要举措和有效途径，这不仅有利于形成多元化、可持续的资金投入与运行机制，满足基础设施建设与公共服务需要，而且有助于缓解地方政府债务问题，减轻财政支出压力，增强公共财政的可持续性。

3. 公共基础设施建设需要民营经济支持

基础设施建设问题实质为公共产品问题。在传统模式中，由于公共产品具有非竞争性与非排他性，加之基础设施的自然垄断性和非营利性，政府往往扮演了投资、建设、经营和管理公共基础设施的角色。对于重大公共项目，政府通常临时成立工作团队，建设完成后交由事业单位或国有企业运营管理。但这种模式存在政府专业经验不足、资源利用效率低下、管理能力较弱等弊端，容易导致项目建设成本过高、质量难以保证的问题，也不利于项目的后续发展。相较而言，推动民营经济进入公共服务领域不失为解决问题的有效途径。作为重要的市场主体，民营经济在推动各领域市场化改革、满足社会多元化多样化需求、促进经济持续健康发展方面发挥着积极作用。在基础设施建设领域，社会资本既有丰富的管理和技术资源，也能充分发挥市场机制调节经济活动的作用，有助于提高公共服务的质量与效率，保障公共利益的实现。因此，鼓励民间资本进入社会服务领域，打开民营经济进入公共服务领域的市场空间，具有重要的现实意义。

4. 民营经济助力高质量发展

改革开放以来，民营经济逐渐成为推动我国投资增长的重要力量，是实现我国消费繁荣的重要源泉，是我国对外贸易的主力军，是稳定税收和就业机会的重要贡献者。目前，我国经济已由高速增长阶段转向高质量发展阶段，正处在转变发展方式、优化经济结构、转换增长动力的攻关期，民营经济在其中将继续发挥重要作用，是推进供给侧结构性改革、推动高质量发展、建设现代化经济体系的重要主体。

民营经济是推动效率变革的积极力量。效率变革是高质量发展的基本路径，核心是通过改革实现要素资源的高效合理配置，形成具有竞争力的现代化经济体系。从经济学理论角度来说，通过 PPP 将产权部分配置给社会资本的一个基本理由是社会资本提供公共品比政府更富有效率①。民营企业大多是从市场竞争中诞生和发展起来的，在经营生产效率与企业治理监督方面具有优势，民营企业家大多具有敢于创新、诚信为本和履行责任的职业精神。因此，在市场中历经"摸爬滚打"的民营企业和民营企业家，是我国市场配置效率提升的重要力量，也是未来我国经济发展效率提升的重要催化剂。受利益驱动的民营资本参与城市公共基础设施的建设、改造或扩建、修缮，除了能够提供较为充足的资金之外，其优势还在于民营企业的专业化运营和市场化操作能够减轻某些不必要成本的消耗，弥补政府部门缺乏商业化运作视野的弊端，减轻政府的负担，实现政府和社会资本的良性互动以及项目的长期可持续发展。

（二）PPP 模式及其运用

PPP（Public-Private Partnership）模式是指政府为增强公共产品和服务供给能力、提高供给效率，通过特许经营、购买服务、股权合作等方式，与社会资本建立的利益共享、风险分担及长期合作的关系。开展政府和社会资本合作，有利于创新投融资机制，拓宽社会资本投资渠道，增强经济增长内生动力，加快政府职能转变，充分发挥市场配置资源的决定性作用。

以 2008 年北京奥运会主场馆"鸟巢"的建设运营作为起点，我国陆续开展了文化、体育类基础设施建设 PPP 项目的探索。2014 年，国务院、国家发展改革委员会陆续出台了几项关于政府和社会资本合作模式的文件，形成了相对规范的 PPP 模式运用框架。财政部也公布了第一批 PPP 示范项目，总投资规模约 1800 亿元，涉及供水、供暖、污水处理、垃圾处理、环境综合整治、交通、新能源汽车、地下综合管廊、医疗、体育等多

---

① 廖振中，刘嘉，罗佳意. 政府与社会资本合作（PPP）的检视——一个文献综述 [J]. 财经科学，2018（3）：80-92.

个领域。北京、南京、湖南等地 PPP 项目迅速推出，不断扩张，涵盖交通、环境、能源等领域。

2015 年 5 月，国务院办公厅转发了《财政部发展改革委人民银行关于在公共服务领域推广政府与社会资本合作模式的指导意见》，为 PPP 项目的规范性发展提供了重要依据。指导意见强调，围绕增加公共产品和公共服务供给，在能源、交通运输、水利、环境保护、农业、林业、科技、保障性安居工程、医疗、卫生、养老、教育、文化等公共服务领域，广泛采用政府和社会资本合作模式，对统筹做好稳增长、促改革、调结构、惠民生、防风险工作具有战略意义。在 2015 年公布的第二批 PPP 示范项目中，文化领域首次被纳入其中。

（三）应用 PPP 模式解决项目难题

通过 PPP 模式开展公共事业建设具备独特优势，可以实现"多方共赢"，同时解决项目后期面临的融资难题与运营管理问题。

第一，有利于减轻政府财政支出压力，加快政府职能转变。当前，国家着力防范化解财政风险，多次发文规范地方政府举债融资行为，政府通过融资搞建设所面临的约束越来越强。基础设施建设具有规模大、建设周期长、投资回报率低等特点，过度依赖政府投资将显著地增加政府预算压力和债务负担。因此，引入社会主体并建立长期稳定的合作机制，为基础设施建设注入资金，可以有效弥补政府财政投资不足，平滑政府财政支出，也使政府可以同时进行多个项目，有利于政府城市建设工程的协调开展。此外，在 PPP 模式下，社会资本可以充分地参与项目建设运营各环节，发挥市场机制调节经济活动的作用，而政府逐渐从不擅长的领域退出，职能转变把重心放在顶层设计、行政监管、政策支持等方面，让政府和市场分别做"自己擅长的事"，从而改进公共服务质量。社会资本方会积极关注所投资项目的回报和效益，为此则要求项目公司重视政府绩效评价和公众需求，进而提升服务质量。

第二，PPP 模式为企业提供新的发展机遇和发展空间。我国市场中存在一批拥有雄厚资金实力的企业，愿意投资公共产品和服务，以长期稳定回报的方式实现自身的可持续发展，PPP 合作机制就为这些企业开辟了投资公共产品和服务的渠道。首先，PPP 模式将一个产权结构内部的公有、非公有，国有、非国有成分混合起来，实现最大的包容性，促进和实现有效供给。其次，PPP 模式的推行有助于推动建设法治化的营商环境。PPP 最基本的特征就是"契约精神"，即政府和非政府主体以平等民事主体的身份订立契约。这种契约精神对政府有效转变职能、打造现代国家治理制度具有重大的意义，也进一步产生了良好的正面效应。最后，城镇基础设施和公共服务领域的投资往往面临着较大的政策性风险，为了规避这类风险，投资企业往往需要花费较大成本与相关政府部门保持较为密切的政商关系，而 PPP 模式的风险分担理念却从根本上解决了社会资本方的顾虑。PPP 模式风险分担的一个重要原则是最适宜原则，即对于合作期间的政策、法律风险由最适宜的承担人——政府负责，有效降低了社会资本方的风险。

第三，对于社会公众，PPP 模式能够弱化公共物品市场的政府垄断性质。首先，政府的干预和调控行为较市场滞后，且部分官员滥用政府权力、过度干预，导致政府的行为效率低下；其次，政府较市场主体存在更为突出的代理人问题，致使基础设施建设管理的质量和水平较为低下。然而在 PPP 机制下，政府可以更专注于优化政策规划，从全局的高度有效对冲相关风险；企业可以发挥追求投资回报的天然优势，在稳定的合作模式下，专注于操作环节来追求自己的利益落实，同时企业的开发、运营、管理经验有利于提高项目开发效率；专业机构可以更好地发挥它们在设计、建设、财务、法律等具体事务方面的优势，提高建造与管理质量。这种模式将各方的相对优势结合，达到"1+1+1＞3"的局面，社会公众受益增加。

第四，有利于公私部门优势互补、提高效率。公私部门共同参与建设，能够发挥所长：在建设和运营领域，私营企业具有较为完善的建设体系、成熟先进的经营理念，能够弥补政府公共部门缺乏商业化运作视野的弊端，减轻政府负担。此外，两者参与项目，既是合作也是监督，私营部门会根据项目收益情况逐步扩大项目规模，政府部门会根据风险评估掌控项目发展进程，二者结合形成互相监督互相促进的体系。再者，PPP 是个长期机制，在较长的时间里将社会资本逐步引导到城市基建领域，也有利于改善基础设施领域整体效率，密切政府和民间合作，促进经济结构调整和经济转型。

三、落实文体中心改建项目

在公共文化基建项目中运用 PPP 模式有利于以高质量的文化供给，为社会资本特别是民营企业进入文化领域拓宽渠道，最终扩充文化项目建设的投融资渠道，形成多元化、可持续、高效率的投入产出机制。长期以来，文化领域特别是公共文化的产品和服务主要依靠政府投入，强调公共服务的"标准化""均等化"。民营资本进入文化领域面临着"不敢投""不愿投""没有能力投"等问题。为了改变这一局面，南溪区委、区政府决定尝试采用进行 PPP 模式文体中心改建项目。专门组织成立了 PPP 项目办公室，由南溪区重点项目办牵头，财政局与发改局为参与主体，具体推进项目落实。

（一）选定社会资本合作方

与传统基础设施类 PPP 项目相比，文化、旅游等领域的 PPP 项目进入门槛相对较低、回报周期相对更短，更易于民间资本特别是更有活力的民营企业的参与。文体中心建设运营具有很强的专业性、系统性和复杂性，引进专业的合作伙伴要能够起到增强管理、降低项目风险的作用。因此选择社会资本合作方时就需要对其资质条件、财务情况、以往项目经验和业绩等方面进行综合考察。负责投资建设以及后续运营维护的合作方不但要有过硬的运营管理专业能力，资金实力也要能够支撑文化基建项目较长的投资回报期。另外，民间资本合作方也必须具有较强的社会责任感，能够心系公共文化的发展，且在过去经济活动中无重大违法违规行为。

在经过多方考量后，南溪区委、区政府最终决定借鉴 BT 项目招商的经验，对文体中心改建项目采取竞争性招投标模式，并最终确定宜宾首创文化传媒有限责任公司为合作的社会资本。

宜宾首创文化传媒有限责任公司（以下简称"首创文化"）成立于 2014 年 12 月，是由宜宾市南溪区文旅集团及民营企业合资组建的一家混合所有制公司，主要以体育场馆运营、文化艺术交流、大型节会赛事活动策划、影视制作、教育培育、互联网金融等为经营业务。现有员工 100 余人，旗下有南溪文体中心分公司、宜宾首城通商业管理有限责任公司、宜宾市南溪区众创空间咨询管理有限责任公司、宜宾首创教育培育有限公司四家全资或参股子公司，并按照《南溪区文体事业单位委托管理协议》托管南溪区文化馆、图书馆、文管所、青少年活动中心、业余体校、仙韵艺术团、科技馆和大学生创新创业园八家文体事业单位。

首创文化的注册资本金为 400 万元人民币，其中南溪区龙腾文体旅游发展有限公司出资 160 万元，占 40% 股份，南溪区源石文化传播公司出资 120 万元，占 30% 股份，北京时代先生文化传播公司出资 120 万元，占 30% 股份。南溪区文旅集团作为国有企业，在文化旅游领域经营实力较好，财力雄厚；源石文化传播公司是南溪本地的民营企业，一直以来致力于推动南溪区文化事业发展，与南溪区的文化建设关系密切；北京时代先生文化传播公司拥有丰富资源，经营业务范围广泛，在晚会、大型庆典、艺术大赛及各类文化艺术演出的筹备、策划、组织方面拥有较强的专业能力。三方各具优势，开展紧密合作有助于带动首创文化发展壮大，推动南溪区文化事业的快速发展。

作为参与项目竞标的社会资本，首创文化资金实力可观，运营情况良好，在文体领域具备较强的经营管理能力，同时兼具本地企业的信息资源和外地企业的丰富经验，这些都成为了首创文化顺利中标的竞争优势。

（二）项目合作采用 ROT 模式

政府市政建设中引进社会资本的模式有多种，按照基本概念、适用项目类型、合同期限等可归纳整理为如图 1 所示。

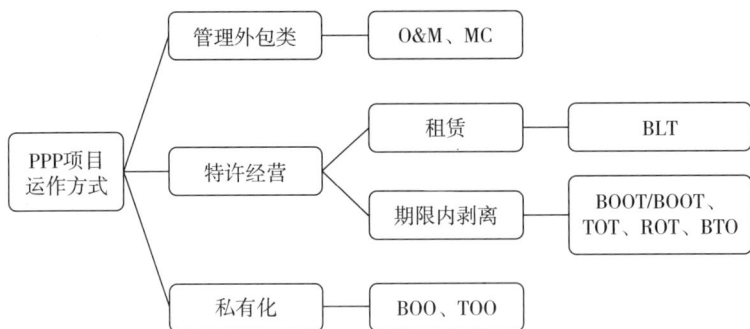

图 1 PPP 项目运作方式

南溪区文体中心场馆的改建运营采取的是 ROT（Renovate–Operate–Transfer）模式，即重整、经营、转让，在获得政府特许授予专营权的基础上，对过时、陈旧的设施、设备进行改造更新，由投资者经营若干年后再转让给政府。一方面，ROT 模式以运营管理为核心，更加关注设施的长久运行效率，满足了环境基础设施持续改进的需求；另一方面，实行"管办分离"——政府从执行者的角度脱离后，可以更好地发挥监管作用，倒逼社会资本方不断提高自身管理和产品提供能力。这种全新的商业模式不仅省却了政府启动再投资程序的劳烦，更能以运营效果来检验投资、改造的质量，有效减少技术、工程、投资方面的风险。

ROT 方式实施的项目合作期为 30 年。文体中心内部装修、设备安装及运营管理的总投资约 6000 万元，由首创文化自行筹集资金用于项目建设及运营。政府在改建、装修项目竣工后，将各场馆 30 年的特许经营权授予首创文化，同时将文体中心内约 6755.95 平方米的商业建筑和约 15495 平方米地下车库 30 年的经营权作为配置资源授予项目公司，用于平衡项目收支。政府负责体育馆运营质量监管。

由于政府和企业利益共享、风险共担，让民营资本"敢于投"；30 年的投资周期足以"熨平"项目经营的短期风险，变短期逐利为长期获利，让民营资本"愿意投"；把政府的高信用优势与社会资本、民营资本管理运行的高效率结合，降低民营企业的融资成本，提高文化项目的融资效率，让民营资本"有能力投"。这样的 PPP 模式，为宜宾推动地方政府投融资体制改革探索了一条新的路径。

（三）项目运营的收益保障和利润分成

明确收益保障是项目顺利开展、企业良性运作的重要前提。对于文体中心改建项目，南溪区委、区政府确立了"使用者付费+可行性缺口补助"的项目回报机制。

具体地，项目运营收益（使用者付费）主要来自三个方面：一是进行文化体育活动组织，日常对公众开放时采取公益性收费，对政府、企业等团体的使用可按市场价格收取费用；二是利用场馆组织实施演艺、展销等商业经营活动获得收益；三是对配套的商业用房、地下车库进行市场化经营获得收益。

由于文体中心的主要功能为公益性场馆，因此大多数时间是进行免费开放或仅收取一定的象征性费用。为保障项目公司合理的项目收益，政府每年对项目公司公益性区域（包括 6755.95 平方米商业建筑及地下车库）产生的支出和收入按程序进行核定。固定收入与固定支出差额部分，政府以购买公共服务费用的形式补贴给项目公司，即：若当年公益性区域产生的收入小于支出，则政府予以补亏；若当年公益性区域产生的收入大于支出，则政府不给予补贴，仍有多余部分若不超过 100 万元则作为项目公司自有收益，若超过 100 万元，超出部分由政府和项目公司按 4∶6 的比例分成。

四、改建项目的成效与特色

自文体中心各场馆陆续投入使用以来，首创文化在保证公益性场馆"免费开放时间不减少、服务效能更优异"的前提下，积极推进文体场馆市场化运营，以文体中心为平台，承接文化艺术交流、大型节会赛事活动、影视制作、教育培育等内容，取得了良好的社会效益与经济效益。

第一，焕然一新的文体中心设施全面，极大地满足了广大市民群众对文化与体育的精神需求。南溪区市民们表示，自从文体中心建成，大家的运动热情得到了充分激发，以前是有想法没场地，现在不仅有场地，还有众多运动项目可以选择。每到周末或者平时下班时间，馆内的篮球场、足球场、乒乓球馆、羽毛球馆都挤满了来健身锻炼的市民，恒温游泳馆也让喜欢游泳项目的市民在冬天下水游泳。此外，文体中心还举行了全省巴蜀文艺奖杂技比赛、全市青少年音乐会、国家京剧院惠民演出等文艺活动。众多体坛大腕、文艺名家齐聚南溪，为当地市民们奉献了精彩的文体表演。

第二，场馆完善的硬件设备和公司良好的运营管理吸引了大量国家级和省级赛事活动，推动了南溪区城市经济发展。在文体中心，首创文化先后承办了三届全国汽车场地越野锦标赛、两届全国自行车挑战赛、国际拳王争霸赛和全国射箭冠军联赛。其他的还有中国女篮排位赛、国家乒乓球队联谊赛、中国大学生排球联赛等体育赛事。举办体育赛事不仅丰富了南溪人民群众的精神文化生活，还大幅度拉动了餐饮、住宿、交通、旅游等消费，集聚大量人气与商气，成为南溪打破封闭、拓宽视野、提升影响、带动经济社会全面发展的极好平台。以2015年中国汽车场地越野锦标赛四川·南溪站为例，4月19~21日，来自全国各地的80多名高水平越野车赛手、25支汽车厂商车队齐聚南溪参加比赛，CCTV-5、国际在线等80余家知名媒体参与宣传、报道，游客、观众、汽车爱好者有10余万人次观看了比赛。据统计，赛事期间南溪区的餐饮业、住宿、旅游消费达300余万元；展销会活动收入近60万元；车展销售收入达200万元，带动其他消费产业如服装、纪念品、通信等300余万元，整体消费近3000万元[①]。

第三，在完善硬件设施的基础上，南溪区积极创新公共文体服务体制机制，将文化馆、图书馆、文管所、业余体校、青少年活动中心等文体事

---

① 南溪 赛事经济奏响城市经济转型协奏曲［EB/OL］. http：//epaper. scdaily. cn/shtml/scrb/20141225/87801. shtml.

业单位整体委托给首创文化实行公司化管理、市场化运作。这种模式遵循"六不变、两不减"的基本原则，切实提升了南溪区公共文体服务效能，满足市民群众多层次的文体需求，成为了文体中心改建项目的一大特色亮点。

五、经验与启示

面对文体中心改建项目，南溪区委、区政府灵活引资，整合政府与市场两种资源，采用市场化运作，成功搭建高水平文体活动平台，为南溪区带来了良好的社会效益与经济效益，同时也为地方政府开展公益事业工作，尤其是公共基础设施建设工程提供了丰富经验，可供借鉴参考。

第一，积极引入社会资本，盘活国有资源，助力公共文化服务变革。文体中心场馆的托管运营模式，将政府由文化服务产品的直接"提供者"转变为社会资本的"合作者"和文化项目的"监管者"。相较于行政化管理，这种模式能够避免僵化，对公共基础设施实行市场化运作、公司化管理，真正地适应市场经济要求，实现良性运作与健康发展。此外，以 PPP 模式加强社会资本与政府的合作，不仅可以拓宽融资渠道、降低建设运营成本、提高运营管理效率，还能依托合作企业盘活国有资源、创造价值，解决文体场馆使用不充分、闲置严重的问题。从南溪区文体中心改建的实践成效来看，推动社会资本参与公共基础设施的建设，实现了社会资本对公共财政领域的合理参与，加快了现代公共文化服务的变革。

第二，创新服务机制体制，提高公共文化服务水平。按照"六不变、两不减"的原则，南溪区委、区政府将文化馆、图书馆等文化事业单位交由首创文化进行整体托管，这不仅解决了文体事业单位专业人才，尤其是文体经营人才严重不足的问题，而且可以推进社会事业产业化、市场化发展，满足市民多层次的文体需求，有效提高公共文化服务水平。

第三，创新运行管理机制，实现公益与商业"双赢"。首创文化在履行文化馆、图书馆社会公益职能和坚持免费开放的前提下，按照企业运行模式，制定绩效考核办法等内部运行机制，对文化馆、图书馆公益类事业单位实行公司化管理，以兼顾经营性和公益性平衡，维护公共利益。通过拓展经营项目、强化目标绩效管理，首创文化极大地激发了文体事业单位职工的工作积极性，有效提高了南溪区公益性场馆的服务质量和服务水平。

第四，加强社会责任感，以长远眼光制订发展战略。对社会资本而言，公共文化项目的公益性决定了项目在一定程度上是为公众服务，而不是谋取利润的途径，这就要求民间合作方兼具社会责任意识和推动公共文化发展的理念。此外，参与 PPP 项目获得收益回报往往不如 BT 项目等快速，短期利益微薄，因此社会资本参与意愿普遍较低，主观动力不足。但从长远来看，PPP 模式有助于实现企业与政府共赢。南溪区文体中心改建项目以实践表明，通过 PPP 模式参与市政公益项目，不仅是社会资本回馈家乡、支持城市建设发展的一种方式，更是提升企业美誉度和知名度，为其搭建更高平台的重要途径。相应地，在社会资本实力增强、名声推广的同时，企业也能够更有效地发挥自身作用，为项目的良性运营提供保障和支持。

第五，发挥企业家精神，充分挖掘项目潜力。对于企业，在积极履行社会责任的同时，如何挖掘项目潜力，进而追求经济效益也是其实现可持续发展的重要因素。文体中心建成以来，部分场馆的门票收入，以及商业用房和地下车库的经营收入所产生的现金流较少，仅能勉强维持企业生存。对此，首创团队积极发挥企业家精神，大胆尝试，通过不断创新与改进，逐步摸索出了文体中心的运营模式和管理经验，闯出了"文体教"融合发展的新路子，实现扭亏为盈。一是盘活设施资源，提升场馆利用率，扭转了文体场馆使用不充分、闲置严重的局面，延伸了公共文化服务功能。二是以文体中心为平台，积极承办国家级与省级大型赛事活动，撬动"赛事经济"，在实现企业成长的同时，提升了南溪的美誉度和知名度，助力南溪城市经济发展。三是推进"文化+教育"模式，着力打造全国性教育培训机构，开办课后服务培训中心，创办首创教育学校，首创教育也成为公司下一步的发展重点。

第六，项目建设顺利推进，"多方共赢"是基本保障。以 PPP 模式开展南溪文体中心改建，既减轻了政府财政支出压力，加快政府职能转变，也为企业搭建了更高的发展平台，增强了企业的综合实力，同时创新了公共文化服务体制机制，满足了市民多层次文化需求，更提升了南溪区知名度与美誉度，推动南溪城市经济发展，真正实现了社会、政府、企业、市民的"多方共赢"。

最后再谈一点问题思考。文化基础设施建设运用 PPP 模式有着制度、操作和实践上的必要性与可行性，然而，该类项目具有生命周期长、市场需求不稳定、专业性强的特点，因此存在着许多不容忽视的弱点，需要地方政府在对 PPP 模式的理解认知、项目和社会资本的选择以及可持续发展等方面保持高度重视。

地方政府要充分认识到，PPP 模式是提高融资效率、加快基建步伐的新渠道，但它更是一种管理质量和效率的变革。在经济增速放缓、地方财政收支矛盾愈发突出、政府新发债券规模收紧、债务管理更加理性的背景下，地方政府在实际操作 PPP 项目时重心往往转移到了融资能力上。南溪区文体中心场馆改建这一类优质项目并不常见，若地方政府首要关心的是成本和财政负担而不是项目质量和管理效率，很容易出现项目匆匆上马、论证不充分的现象，企业承受的风险和收益不均衡时必然会导致项目质量的降低，公共文化需求便难以得到满足。因此，地方政府有必要避免对 PPP 债务纾缓功能的过度依赖，要严格参照财政部 PPP 项目评审标准，结合地方现状和实情制定合理的识别和筛选机制，强化项目事前审查环节，在鼓励竞争、产权分配、风险划分、信息透明等方面开展制度建设，做到规范推行、切实有效。

PPP 的核心在于十年以上的长期性合作，而文体场馆等市政工程的长期性却难以保证。一方面，地方政府出台的政策、对项目的承诺等会随着政治形势、领导者任期的变化更改较为随意，加之 PPP 立法还未见雏形，社会资本方的长期利益难以得到充分保障；另一方面，从社会资本角度来看，在当前的企业经营环境下，社会资本"挑肥拣瘦"，很多民营企业的经营策略是短视的，比起长期、稳定但收益率不高的基建项目，短期高回报的项目更容易受到青睐。因此，地方政府在考虑与社会资本合作时，一方面要树立可持续发展的长远目标，注重考察合作企业的综合实力及其社会责任感，制定严格完善的遴选机制；另一方面也要探索回报机制的优化空间，对符合当地经济发展目标的PPP项目给予长期支持，真正发挥政府公信力的效用，吸引优质的社会资源，并于后期持续追踪和监督其经营情况以保证项目主体的可持续，达到高质量建造、高效率运营、高水平收益的预期效果。

参考文献

［1］蔡霖. PPP模式在文化基础设施建设中的运用研究［D］. 山东大学硕士学位论文，2018.

［2］程若霜. 城市公共文化服务基础设施建设中PPP模式运用的问题研究［D］. 湖北大学硕士学位论文，2017.

［3］廖振中，刘嘉，罗佳意. 政府与社会资本合作（PPP）的检视——一个文献综述［J］. 财经科学，2018（3）：80-92.

［4］裴俊巍，骆珉. 以PPP促投融资体制改革［J］. 中国财政，2017（19）：48-49.

［5］周瑶. 公共文化类项目实施PPP的关键路径研究［D］. 南京大学硕士学位论文，2017.

主要参考文件

1. 《关于加快构建现代公共文化服务体系的意见》（中办发〔2015〕2号）
2. 《国务院办公厅转发文化部等部门关于做好政府向社会力量购买公共文化服务工作意见的通知》（国办发〔2015〕37号）

3. 《国务院关于加强地方政府性债务管理的意见》（国发〔2014〕43 号）

4. 《国务院批转发展改革委关于 2014 年深化经济体制改革重点任务意见的通知》（国发〔2014〕18 号）

5. 《国务院办公厅转发财政部发展改革委人民银行关于在公共服务领域推广政府和社会资本合作模式指导意见的通知》（国办发〔2015〕42 号）